# RK-003

MASSIMILIANO AFIERO

# ATTACCO ALL'ALBA

L'SS-FALLSCHIRMJÄGER BATAILLON 500 A DRVAR, MAGGIO 1944

**Attacco all'alba** - RK003 CS  First edition Gennaio 2018 by Soldiershop.com.
Cover & Art Design by Soldiershop factory.    ISBN code: 978-88-93273121
First published by Soldiershop,  copyright © 2018 Soldiershop (BG) ITALY.   No part of this publication may be reproduced, stored in a retrieval system or transmitted by any form or by any means, electronic, recording  or otherwise without the prior permission in writing from the publishers. The publisher remains to disposition of the possible having right for all the doubtful sources images or not identifies. Visit www.soldiershop.com to read more about all our books and to buy them.

In merito alle serie :Italia storia ebook, Ritterkreuz, The Axis Forces ecc. l'editore Soldiershop informa che non essendone l'autore ne il primo editore del materiale pervenuto per la stesura del volume, declina ogni responsabilità in merito al suo contenuto di testi e/o immagini e la sua correttezza. A tal proposito segnaliamo che la pubblicazione Ritterkreuz tratta esclusivamente argomenti a carattere storico-militari e non intende esaltare alcun tipo di ideologia politica presente o del passato cosi come non intende esaltare alcun tipo di regime politico del secolo precedente ed alcuna forma di razzismo.

Note editoriali dell'edizione cartacea

Copyright per l'edizione cartacea italiana della Associazione Culturale Ritterkreuz di Via San Giorgio 11, 80021 Afragola (NA). La riproduzione delle foto qui pubblicate è severamente vietata. Il primo editore ha compiuto tutti gli sforzi necessari per contattare i titolari dei diritti di alcune delle illustrazioni riprodotte, e si impegna a riparare a eventuali errori o omissioni nelle future edizioni del presente testo.

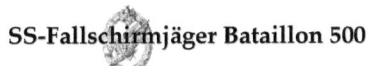

## L'SS-Fallschirmjäger Bataillon 500 a Drvar, maggio 1944

*L'operazione Rösselsprung fu una delle ultime azioni su vasta scala pianificata dai Tedeschi nei Balcani, per tentare di eliminare definitivamente le bande partigiane colpendo la 'testa' della loro organizzazione, il capo comunista Tito, il cui quartier generale si era trasferito a Drvar, nella Bosnia occidentale all'inizio del 1944. Preparata e organizzata minuziosamente, l'operazione prevedeva un attacco concentrico da parte di forze di terra intorno all'area di Drvar preceduto da un lancio di paracadutisti proprio sulla stessa cittadina bosniaca per tentare di colpire direttamente il quartier generale partigiano e uccidere o catturare lo stesso Tito. La fine del capo partigiano, secondo i tedeschi, avrebbe inferto un colpo mortale all'esercito ribelle e portato alla definitiva pacificazione dell'area Balcanica. Per l'assalto dal cielo, furono scelti i paracadutisti SS, dell'SS-Fallschirmjäger-Bataillon 500, un reparto speciale voluto da Himmler, proprio per essere impegnato in missioni speciali e pericolose. I paracadutisti SS si comportarono valorosamente durante l'operazione, malgrado l'Intelligence tedesca non avesse individuato l'esatta ubicazione della grotta-rifugio di Tito, cosa che pregiudicò la cattura del capo partigiano e gli consentì di sfuggire all'agguato. Lasciati da soli a confrontarsi con le forze partigiane, la cui consistenza era stata nettamente sottovalutata nella pianificazione dell'operazione, i paracadutisti SS dopo aver assicurato il controllo di Drvar ed attaccato la grotta di Tito, ormai vuota, ma difesa strenuamente dai partigiani, si ritrovarono subito dopo a doversi difendere a loro volta dagli attacchi nemici, lamentando numerose perdite, soprattutto tra gli ufficiali. Trincerati alla meglio tra le mura del piccolo cimitero di Drvar, riuscirono a respingere con grande sacrificio ed abnegazione tutti i feroci assalti dei ribelli, fino al giorno dopo, quando finalmente giunsero in zona i reparti croati e tedeschi che avrebbero dovuto rilevarli. Malgrado la fuga di Tito, i tedeschi riuscirono ad eliminare numerosi reparti partigiani nell'area intorno a Drvar e a recuperare grandi quantità di armi e materiali fornite dagli alleati ai ribelli. Sicuramente non fu un successo, visto che non era stato conseguito il principale obiettivo dell'operazione, ma comunque fu portato un colpo 'quasi' mortale alle forze partigiane comuniste, che solo grazie all'appoggio degli Alleati, riuscirono a riprendersi e a riorganizzarsi nuovamente.*

Massimiliano Afiero

## SOMMARIO

| | |
|---|---|
| L'*SS-Fallschirmjäger Bataillon 500* | Pag. 4 |
| Impiego sul fronte dei Balcani | Pag. 18 |
| L'Operazione *Rösselsprung* | Pag. 23 |
| Attacco all'alba | Pag. 35 |
| Nel nido delle vespe | Pag. 62 |
| Uniformi dei paracadutisti SS | Pag. 74 |
| Distintivi e bibliografia essenziale | Pag. 79 |

## L'SS-Fallschirmjäger Bataillon 500

Il primo tentativo di formare un'unità paracadutisti in seno alle SS avvenne già nel 1937: su ordine di Himmler un piccolo gruppo di volontari del reggimento *Germania* delle *SS-Verfügungstruppe*, fu inviato alla *Fallschirmschule* (Scuola per paracadutisti) di Stendal, dove tra il 23 maggio 1937 e il 17 luglio, fu addestrato al lancio con il paracadute. Ad essi si unirono altri volontari provenienti dalla *Luftwaffe* e dagli altri reggimenti SS. A tal scopo, tutti gli aspiranti paracadutisti SS furono aggregati alla *3.Kompanie* del *I.Bataillon* del Reggimento *'General Göring'*. Alla fine del corso ogni volontario effettuò almeno sei lanci, il numero richiesto dal regolamento per ottenere il brevetto da paracadutista.

Soldati delle *SS-Verfügungstruppe* durante il loro addestramento in seno a reparti della *Luftwaffe*, 1937.

Il progetto di formare un'unità paracadutisti SS, svanì però subito dopo, a causa della ferma opposizione delle alte gerarchie della *Luftwaffe*, decise a mantenere il monopolio sulla formazione delle truppe aviotrasportate. E così, gli increduli volontari già giunti a Stendal, tornarono nuovamente alle loro unità di origine. Il progetto fu ripreso solo nell'estate del 1943, dopo l'eccezionale impresa di Otto Skorzeny sul Gran Sasso: un gruppo di audaci paracadutisti aveva liberato il Duce del fascismo Benito Mussolini, agli arresti dopo la caduta del suo governo avvenuta il 25 luglio 1943. L'eco di quella impresa straordinaria, convinse Hitler a dare l'autorizzazione ad Himmler a formare un battaglione paracadutisti, con volontari della *Waffen SS*. La campagna arruolamenti interessò tutte le unità della *Waffen SS*, germaniche e non, riscuotendo un grande successo.

**Paracadutista SS in tenuta da lancio.**

Poiché la nuova unità di paracadutisti doveva essere impiegata in azioni pericolose oltre le linee nemiche, fu deciso di estendere l'arruolamento anche ai membri dei battaglioni di disciplina della *Waffen SS*, formati da ufficiali, sottufficiali e soldati che avevano avuto dei problemi con la legge militare: un ordine dell'*SS-FHA* fissò una percentuale del cinquanta per cento per i volontari provenienti dalle normali unità *Waffen SS* e il resto, per i volontari prelevati dai battaglioni di disciplina.

**Gruppo di paracadutisti SS durante l'addestramento.**

Inizialmente il Battaglione fu designato come *SS-Fallschirm-Banden-Jäger Bataillon*, letteralmente Battaglione paracadutisti SS per la caccia alle bande, poi il 6 settembre 1943, la sua denominazione cambiò in *SS-Fallschirmjäger-Bataillon*.

Paracadutista SS.

Addestramento al lancio con paracadute.

## I battaglioni di disciplina SS

In tenuta completa da lancio.

In seguito alla tragedia di Stalingrado ed alla fine prevedibile dell'*Heeresgruppe 'Afrika'*, con la conseguente perdita di migliaia e migliaia di soldati, gli Alti Comandi tedeschi dovettero ricorrere a qualsiasi espediente per poter recuperare materiale umano da impiegare in prima linea. Dopo aver fatto ricorso in modo massiccio al reclutamento di 'volontari' stranieri, si decise di reclutare anche i detenuti dei campi di pena sotto il controllo delle SS e della Polizia di Danzica-Matzkau (*Das Strafvollzugslager der SS und Polizei in Danzig-Matzkau*), reintegrandoli in *'speciali'* formazioni militari (*Bewährungs Abteilung der Waffen SS*, letteralmente reparti di prova della *Waffen SS*). Questa idea non era però del tutto nuova. Con il perdurare della guerra e la non più certezza assoluta nella vittoria, anche in seno ai reparti della *Waffen SS*, si erano verificate numerose trasgressioni e infrazioni contro la legge penale militare o contro le leggi penali in generale, che secondo le disposizioni di Himmler, non potevano essere giudicate dai normali tribunali militari tedeschi. Spesso, le punizioni alle infrazioni, venivano inflitte direttamente dal comandante di Compagnia senza interpellare gli organismi superiori. Gli *'indisciplinati'* venivano sanzionati, per mancanze contro l'ordinamento militare o varie negligenze. Tali mancanze potevano essere: non alzarsi immediatamente alla sveglia, presentarsi in ritardo al servizio, presentarsi al servizio con l'abbigliamento non regolamentare o negligente, (per esempio scarpe sporche), uniforme d'ordinanza disordinata o sgualcita, esigere denaro o altro, scorretto comportamento nei riguardi di un superiore o di un camerata in pubblico, fare debiti di gioco sperperando denaro, ubriachezza, mentire a un superiore, parlare durante il servizio, mancata esecuzione di un ordine ricevuto. I tribunali militari si occupavano invece, di quei reati che non era possibile punire per via disciplinare. Questi erano per esempio: viltà davanti al nemico, diserzione, saccheggio, trasgressione, violenza, abuso della forza in servizio, superamento della licenza di più di sette giorni, ripetuta disubbidienza, furto nei confronti di un camerata, divulgazione di segreti militari.

Himmler sul fronte dell'Est, nel gennaio del 1942, con Theodor Eicke, comandante della *Totenkopf*.

Soldati tedeschi, in una trincea sul fronte di Demjansk. I combattimenti difensivi nella sacca durarono fino al maggio del 1942 e videro impegnate unità dell'esercito tedesco e della *Waffen SS*.

Soldati tedeschi a Demjansk.

In questi casi, dopo la campagna di Polonia, il giudizio finale, si concludeva con la condanna a morte che veniva eseguita dallo stesso personale della *Waffen-SS* o della Polizia, nello stesso carcere di Danzig-Matzkau. Himmler, inizialmente si oppose all'arruolamento dei detenuti, ma dal 1941 decise di dare l'opportunità ai condannati di poter riscattare la loro stessa condanna ed il loro onore di soldati, affrontando il rischio di cadere sotto il fuoco del nemico. Mentre i comandi studiavano e pianificavano la formazione di queste unità speciali formate da ex-detenuti, su ordine del *Reichsführer-SS*, già nella primavera del 1942, fu creata un'unità speciale in seno alla *SS-Totenkopf-Division* sul fronte di Demjansk, formata da soldati provenienti dai campi di detenzione. Ritornati in prima linea, questi ex-detenuti furono impegnati in varie missioni 'pericolose', anche se strategicamente inutili, che portarono comunque a termine con successo. La storia di questa prima unità 'disciplinare' SS, si concluse quando si ritrovò a difendere da sola una posizione: attaccata da tre lati dalle forze sovietiche, finì completamente annientata. Solo nella primavera del 1943, il progetto di recupero degli ex-detenuti fu ripreso e quindi furono prelevati dal campo di Danzig-Matzkau, altri 600 ex-soldati e graduati, per 'riabilitarli' in una unità speciale della *Waffen-SS*. Quando nell'estate del 1943, Himmler decise di formare un battaglione paracadutisti SS per missioni speciali, si pensò subito di includere in esso anche questi ex-detenuti, anche se non era ancora stato definito il ruolo dell'unità. Il 9 agosto 1943, una speciale commissione SS comunicò al *Reichsführer-SS*, che solo una parte dei condannati fosse abile per il battaglione di paracadutisti. Molti di questi volontari erano imprigionati presso gli *Strafvollzugslager der Waffen-SS und Polizei* di Dachau e di Danzig-Matzkau.

**Nella foto a sinistra, Himmler mentre ispeziona un reparto SS di nuova formazione. Nella foto a destra, mentre visita un campo di prigionia sul fronte dell'Est.**

Fu istituito uno Stato Maggiore composto da ufficiali, denominato sezione 3 (*Abt. 3*), comprendente un avvocato SS ed un certo numero di esperti per selezionare gli uomini migliori, ma soprattutto per evitare di arruolare dei criminali incalliti nella nuova unità. La maggior parte degli esaminati dalla speciale commissione, era scampata alla fucilazione, per aver commesso reati minori, quali l'insubordinazione ai comandi, furto di materiale governativo, ricettazione di viveri ed altro. La prima conseguenza del loro arruolamento nel nuovo battaglione paracadutisti SS fu la restituzione del grado e delle decorazioni ricevute in guerra: in questo modo fu sancita definitivamente la loro riabilitazione agli occhi della giustizia militare tedesca. Da ricordare però che non tutti gli ex-detenuti superarono l'esame di 'riabilitazione' ed alcuni di loro fecero purtroppo ritorno ai campi di detenzione, non avendo dato sufficienti garanzie di poter tornare a combattere in prima linea come soldati.

## SS-Fallschirmjäger Bataillon 500

### Formazione e addestramento dell'unità

Il raggruppamento di tutti i volontari per la nuova unità SS avvenne nell'ottobre 1943 a Chlum, presso il *Bewährungs Abteilung der Waffen SS*, nel Protettorato di Boemia e Moravia (*SS-Tr.Üb.Pl. Böhmen*). Come primo comandante del battaglione, fu designato l'*SS-Stubaf.* Herbert Gilhofer[1]. L'unità, comprendente circa un migliaio di uomini e completamente motorizzata, fu strutturata nel modo seguente:

*Bataillonsstab*
    *Nachrichtenstaffel*
    *Kradmelderstaffel*
    *Meldestaffel*
    *Abteilung III (Gerichtsbarkeit)*
    *Versorgungskompanie con*
    *Versorgungsstaffel*
    *medizinischer und zahnmedizinischer Staffel*
    *Kraftfahr Instandsetzungsstaffel*
*3 Jäger-Kompanie*
*1 schwere Kompanie mit*
    *schweren Granatwerfer-Zug (4 Werfer 8,14 cm)*
    *Leichtgeschütz-Zug (4 Fallschirm-I.G.7,5 cm)*
    *Flammenwerfer-Zug*
    *Schweren MG-Zug*

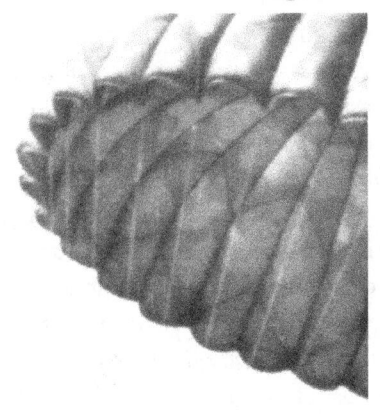

I membri dell'*SS-Fallsch.Jg.Btl 500* furono addestrati al lancio con paracadute del tipo *RZ-20*.

Dopo l'intenso addestramento di fanteria nel settore di Chlum, tra il novembre e il dicembre del 1943, i reparti furono trasferiti alla *Fallschirmspringerschule III der Luftwaffe* a Mataruska Banja, vicino Kraljevo, per l'addestramento al lancio con il paracadute. Il trasferimento in Serbia rientrava anche nei piani dell'impiego dell'unità contro le bande partigiane slave. I voli avvenivano su aerei da trasporto *Ju-52*, ma anche su aerei italiani *Savoia Marchetti*. I paracadute usati per l'addestramento erano modelli *RZ 20*.

**Testimonianza di un ex-membro dell'unità**[2]: *"... All'inizio di ottobre del 1943, io con tre camerati e l'SS-Obersturmührer Fischer*[3] *dell'SS-Gebirgsjäger-Ausbildungs und Ersatz-Bataillon 6 di stanza a Salisburgo, ci siamo presentati per iscriverci nel nuovo reparto paracadutisti della Waffen-SS....Non avevamo indicato nessun fronte, posizione o comando.*

*Nessuno di noi aveva indicato il tipo di esperienza o da che arma proveniva, abbiamo solo parlato con il Furiere paracadutista, nella speranza di poter essere presi anche se in un tempo successivo. Il 7 ottobre 1943, siamo stati inquadrati e messi a marciare; solo tre giorni più tardi ci hanno mandato nel Protettorato, a Chlum. Al nostro arrivo ci siamo presentati all'*SS-Hauptscharführer *Henneck o Henneke….Dopo che il Maresciallo aveva accettato le nostre generalità, ha detto, puntando il dito contro di noi: 'Assistente paracadutista: compagnia 1, 2, 3, 4'. Alla mia obiezione che non avevo mai visto un paracadute, nella speranza di essere assegnato lì, nell'ufficio con lui, il Maresciallo controbatté: '..consolati, io non so neanche come sia fatto un paracadute'. Quando mi sono girato verso la finestra, ho intravisto una compagnia di soldati che sfilavano davanti all'edificio. Non ho potuto però identificare di che reparto fossero questi soldati. Indossavano le mostrine nere ma senza le Rune SS e nessun distintivo di rango o contrassegno, era visibile sul petto. La cosa mi è sembrata un po' strana e ho chiesto al Maresciallo di che reparto fossero quei soldati. Mi ha detto: '…sono i futuri paracadutisti. E la sfilata non è così, a causa della segretezza, ma perché quelli sono tutti uomini in prova, ex-detenuti'. Sono andato subito dall'*SS-Obersturmführer *Fischer e gli ho chiesto se lo sapesse. Quando gli ho riferito questa notizia, è caduto dalle nuvole altrettanto quanto noi. Ci siamo ripresentati davanti al comandante e abbiamo chiesto di tornare di nuovo indietro alle nostre vecchie unità della divisione 'Das Reich', pur essendo appena arrivati. Appena abbiamo espresso il nostro desiderio, il comandante ci ha congedato dal suo ufficio.*

**Paracadutisti SS in attesa di imbarcarsi per un lancio di addestramento. Sullo sfondo, alcuni aerei stanno per atterrare al suolo.**

*Ci ha detto, che non aveva ancora mangiato niente perché doveva eseguire un ordine e lo stesso valeva per noi. Ci eravamo congedati e nello stesso tempo eravamo appena diventati paracadutisti….Non c'era da fare molto a Chlum. Io ero diventato aiutante di campo dell'*SS-Obersturmführer *Fischer, ed ho dovuto fare alcuni viaggi di lavoro per lui. Non ci sono stati né aeroplani, né paracadute o un addestramento al lancio…Nel dicembre 1943, siamo stati spostati a Mataruschka-Banja, vicino a Kraljewo. Mataruschka-Banja si chiama in tedesco: Marienbad. Dalla* *terra scorrono delle fonti di zolfo calde. La località ha più costruzioni adibite a hotel che case, le quali sono dotate tutte del bagno. Così, molto spesso siamo andati a fare il bagno nell'acqua calda di zolfo. Le compagnie del nostro battaglione sono state sistemate saggiamente negli hotel. Il primo gruppo del comando che era già arrivato a Mataruschka-Banja da alcune settimane, aveva già avuto un caduto, ucciso dai partigiani....I nostri istruttori alla* Fallschirmspringerschule III *di Kraljewo, erano tutti delle vecchie 'volpi' esperte ed avevano già compiuto diversi lanci. Erano come, se non vedessero altro che dei paracadutisti, ragazzi snelli e decisi, che hanno avuto con noi un contatto veloce ma ben preciso. Siamo stati divisi in gruppi da dieci. Ero nel gruppo dei sottufficiali, che come istruttore aveva un sottufficiale della* Luftwaffe. *Come inizio, abbiamo ricevuto una lezione sull'essenza del paracadutista e sul tipo di combattimento sul campo. C'è stato spiegato che il nostro compito più grande, era il momento della sorpresa nei confronti del nemico.*

**Paracadutisti SS prima di un lancio.**

*Ci è stato spiegato che lo sbarco del plotone dal velivolo, deve avvenire velocemente. Dovevamo imparare ad atterrare nell'area di sbarco in poco tempo e ad una distanza tra i 40-50 metri l'uno dall'altro. Poi abbiamo ricevuto l'equipaggiamento per il lancio: tuta da lancio in colori mimetici, le scarpe da lancio ed il paracadute RZ-20. Abbiamo dovuto contrassegnare questo paracadute con il nostro nome, perché ognuno aveva il suo e ognuno era responsabile del proprio paracadute. Abbiamo imparato a piegarlo, risistemando più volte i 55 metri quadrati di seta del paracadute, prima di metterlo nel suo sacco, visto che sarebbe stato lui a portarci a terra. Qualcuno, a suo tempo farfallone del gruppo e che inizialmente non aveva preso seriamente il lavoro quotidiano, era diventato repentinamente un soldato molto preciso nel comporre e preparare il sacco del suo paracadute. Ci siamo esercitati a salire e prendere posizione per il volo, con successiva prova di lancio salto, su un vecchio Ju-52 smantellato, chiamato 'la vecchia zia'.*

Prove di 'caduta' durante l'addestramento. Sullo sfondo, aerei da trasporto della *Luftwaffe*.

Alcuni membri del battaglione. Da sinistra, l'*SS-Ustuf.* Grimming, l'*SS-Ustuf.* Hollenders, due istruttori, l'*SS-Ostuf.* Leifheit, l'*SS-Ustuf.* Vogelsang e l'*SS-Ostuf.* Scheu.

Abbiamo appreso come agganciarci con le cinghie da 1,5 o 2,0 metri, durante le vibrazioni e i sobbalzi del volo. L'istruttore tenendo una corda nella mano esclamava: '...40 metri, 30 metri, 20 metri, 10 metri, pronti allo sbarco!'. Poi tirava la corda che ci liberava della cinghia e ci permetteva di rotolarci sulla stuoia distesa a terra. Abbiamo dovuto fare questo esercizio avanti e indietro più volte. Abbiamo poi dovuto saltare, senza paracadute, dalla torre di dieci metri su un telo di salvataggio teso dai camerati. Un altro esercizio con il paracadute, era questo: uno Ju-52 senza superfici portanti, era sistemato davanti all'hangar, con la coda rivolta alla pista di atterraggio. Noi *dovevamo metterci dietro col paracadute di esercizio aperto. Quando il pilota avviava i motori, il vento dell'elica faceva gonfiare il paracadute con noi attaccati sul posto. Per non essere portati via, dovevamo sganciare le cinghie del petto e delle cosce. Il paracadute senza carico crollava, poi su se stesso ... Dopo tre settimane, per la prima volta siamo saliti su un aeroplano Ju-52.*

**Il momento dell'imbarco su uno *Ju-52* e...**

**...il lancio dall'aereo, il momento più drammatico ed emozionante per un paracadutista.**

## SS-Fallschirmjäger Bataillon 500

*Era il primo volo della mia vita. Avevamo aspettato a lungo ed ora era giunto il momento. Siamo saliti in dieci uomini sull'aereo. Questo primo volo è stato fatto ancora senza paracadute. Veniva eseguito solo una volta, il cosiddetto volo di ricovero, per verificare gli effetti del volo... Dopo questo volo, il successivo sarebbe stato quello del primo lancio. Ci è stato detto che ognuno avrebbe potuto rifiutare per tre volte un salto. Dopo il terzo rifiuto, sarebbe stato rimandato alla sua unità precedente. Non posso ricordarmi se anche uno solo del nostro battaglione si sia rifiutato di saltare.*

**Sottufficiali SS in addestramento. Terzo da sinistra, l'*SS-Oscha*. Pichler della *4.Kompanie*.**

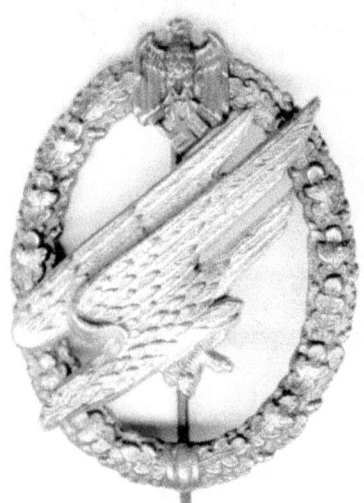

*Fallschirmschützenabzeichen des Heeres und der Waffen-SS.*

*Dall'ultimo uomo fino al comandante, tutti hanno fatto i sei lanci di ordinanza. Il primo lancio, è stato fatto da circa seicento metri di quota con imitazioni in legno delle armi. Poi ogni volta cento metri più bassi: l'ultimo lancio, è stato effettuato con tutte le armi portate a tracolla, con le munizioni e quant'altro fosse necessario per una vera operazione militare. Ora, eravamo dei paracadutisti addestrati e pronti all'impiego".*

All'inizio del 1944, la *Fallschirmspringerschule III* fu trasferita in Ungheria, presso il campo di istruzione di Pàpa, dove i paracadutisti SS proseguirono le loro esercitazioni. A tutti quelli che effettuavano sei lanci con successo, fu consegnato lo speciale distintivo dei paracadutisti, nella versione destinata ai membri dell'esercito. All'inizio di febbraio del 1944, a Kraljevo, venne formata anche una compagnia rincalzi per il

Battaglione, la *Feldausbildungskompanie*, agli ordini dell'*SS-Hstuf*. Leifheit[4]. Il 28 marzo l'unità fu denominata ufficialmente come *SS-Fallschirmjäger-Bataillon 500*. Il numero *500* fu assegnato poiché il reparto era considerato in ogni caso come una unità di disciplina e quello era il numero assegnato ai battaglioni di disciplina tedeschi.

*Springerschule* di Papa in Ungheria. Da sinistra: l'*Ostuf*. Leifheit, l'*Oscha*. Aussenthal, l'*Ustuf*. Dräger, l'*Hscha*. Blum de Lorm e l'*Ustuf*. Brörup.

Paracadutisti SS salgono su un velivolo da trasporto.

In particolare le unità della serie *500*, comprendevano soldati la cui pena veniva sospesa e dopo essere stati impegnati in missioni particolarmente difficili e pericolose, avevano la possibilità di essere reintegrati nelle loro unità di origine.

## Operazione *Margarethe*

All'inizio di marzo del 1944, il Battaglione paracadutisti SS fu messo in allerta per prendere parte all'operazione *Margarethe*, l'occupazione dell'Ungheria occidentale a scopo intimidatorio, per evitare che potesse negoziare la pace con gli alleati ed abbandonare l'alleanza con la Germania. I paracadutisti SS avrebbero dovuto occupare i centri nevralgici della capitale ungherese in attesa dell'arrivo delle forze di terra.

**Dal diario della recluta Leonard Schaap**: "*...Il 14 marzo, saliamo sui camion che ci portano a Belgrado. Una volta arrivati, ci ritiriamo in una caserma e ci mettiamo a riposo, ignari della prossima destinazione (...). Il pomeriggio del giorno seguente ripercorriamo 185 chilometri fino a Kraljewo. Siamo all oscuro di quel che succede e imprechiamo non solo contro i nostri superiori, ma anche per il freddo della notte. Arrivati a Mataruska Banja in prossimità di Kraljewo, prendiamo in tutta fretta il nostro equipaggiamento da lancio mentre le radio vengono caricate nei contenitori da* *lancio.(...) Dopo molti viaggi alla cieca raggiungiamo Groß-Betscherek verso mezzanotte e ci fermiamo qui per dormire. Il giorno successivo (16 marzo) ripartiamo alla volta di Baschaid, un paese abitato da molti volksdeutsche. Qui si trova un aeroporto. (...) Dopo alcune ore passate meravigliosamente in quel paesino ci chiediamo dove andremo a combattere. Le armi e le radio vengono controllate numerose volte, ci viene comandato di prendere molte munizioni. I nostri comandanti possiedono già le mappe delle operazioni. Il pomeriggio del 18 marzo carichiamo i contenitori di lancio negli Ju-52, poche ore dopo ci vengono impartiti gli ordini. L'attuale governo in Ungheria è in trattative per una cessazione del fuoco con i nostri nemici. Per evitare il loro ingresso in territorio ungherese, le truppe tedesche dovranno occupare l'intero paese dal 19 marzo.*

**Messerschmitt Bf 110 in volo su Budapest, 1944.**

*L'SS-Fallschirmjäger Battalion manterrà il controllo del campo d'aviazione Horthyleget nei pressi Budapest fino all'arrivo delle truppe di terra. Cosi si parte per l'Ungheria! Nessuno ci avrebbe mai pensato. Verremo trasportati in due ondate nei nostri Ju-52 verso la nostra rotta. (..) Ci ordinano di dormire, ma nessuno ce la fa per via dell'eccitazione....19 marzo: alle 4:00 di mattina i camerati della prima ondata ci salutano e ci auguriamo buona fortuna. Alle 7:00 di mattina gli Ju-52 tuonano sopra le nostre teste per destinazione ignota. Alle 9:00 di una bella giornata di primavera arriviamo a nostra volta al campo d'aviazione. Con nostra grande sorpresa ci viene distribuito ogni ben di Dio: cioccolato, marzapane, pancetta, salsicce, gomme da masticare, sigarette e addirittura del rum. Dopodiché riceviamo i nostri paracadute e aspettiamo il rientro dei nostri aerei. Ecco che un'ora dopo riappaiono. Mentre gli aerei vengono riforniti di carburante, chiediamo ai nostri piloti cosa fosse successo. Ci raccontano che sta andando tutto bene, gli ungheresi si sono arresi senza sparare un colpo, ma vengono comunque disarmati. Dopo mezzora gli Ju-52 sono stati riforniti. Quaranta aerei con cinquecento paracadutisti SS a bordo partono per destinazione sconosciuta. La terra sotto di noi è calma, non ci sono segni e suoni di combattimento. Sorvoliamo le periferie di grandi città finche arriviamo al nostro obiettivo prescelto: l'aeroporto di Horthyleget. Numerosi cannoni antiaerei piazzati nei pressi dell'aeroporto e rivolti verso il cielo*

## SS-Fallschirmjäger Bataillon 500

*non hanno sparato alcun colpo. Duecento Messerschmitt 109 con il tricolore ungherese rimangono in silenzio sul campo verde...Poco dopo gli* Ju-52 *atterrano sulla pista d`atterraggio dell`aeroporto. Prima di scendere dagli aerei ci viene incontro lo* Stubaf. *Gilhofer che ci comunica: '..Il governo ungherese che era in contatto con gli alleati, si è dimesso. L`esercito e il popolo non mostrano un atteggiamento sovversivo. Le truppe finora disarmate hanno riavuto le loro armi'. Che delusione, non abbiamo ricevuto il nostro battesimo del fuoco"*.

Gruppo di paracadutisti SS impegnati nell'operazione *'Margarethe'*.

*SS Fallschirmjäger* a Mataruska Banja, Marzo 1944.

### Note

(1) Herbert Gilhofer, nato il 31 agosto 1910 a Linz, SS-Nr. 19 639. In precedenza aveva servito nel *II./Sta. 'Deutschland'* (1935) poi dal 1941, passò nella *1.SS-Infanterie-Brigade*, dove servì come comandante di compagnia (1941) e poi al comando del *II./SS-Inf.Rgt.8* (1942).

(2) R.Michaelis, "*Das SS-Fallschirmjäger-Bataillon 500/600*", pagina 12

(3) Erich Fischer, nato il 15 giugno 1915 ad Allenstein, SS-Nr. 353 189. Come riportato nella stessa testimonianza, proveniva dalla divisione SS *'Nord'*.

(4) Fritz Leifheit, nato il 22 marzo 1920 a Hühnerfeld, SS-Nr. 421 076. In precedenza aveva servito nella *1./Deutschland* (1940), nella *2./SS-Kav.Rgt.2* (1942), nell'*SS-Kav.Rgt.15* (1943).

# SS-Fallschirmjäger Bataillon 500

Aree di impiego dell'*SS-F.Jg.Btl.500* tra il 1943 ed il 1944.

*SS-Hstuf.* Kurt Rybka.

## Impiego sul fronte dei Balcani

All'inizio di aprile del '44, l'*SS-Fall.Jg.Btl.500* fece ritorno a Maturuska Banja, per essere impegnato in operazioni contro le bande partigiane. In questo stesso periodo l'unità passò agli ordini dell'*SS-Hstuf.* Kurt Rybka[1]. Nella Jugoslavia occupata dalle forze dell'Asse operarono fin dall'inizio due movimenti di resistenza: l'Armata nazionale jugoslava di Draza Mihailovic[2] e l'Esercito popolare di liberazione di Tito[3]. Il Colonnello Mihailovic, dopo essersi rifiutato di obbedire all'ordine di capitolazione dell'aprile 1941, insieme ad altri soldati ed ufficiali sbandati, raggiunse il Ravna Gora, un altopiano boscoso nella Serbia occidentale. Gli uomini di Mihailovic, chiamati "*cetnici*", dal nome dato ai patrioti serbi in lotta contro gli oppressori turchi ed austro-ungarici, già dal maggio del '41, iniziarono azioni di sabotaggio e di guerriglia contro le forze tedesche. Anche nei mesi successivi la loro attività si intensificò e nel luglio, i cetnici in collaborazione con i partigiani comunisti di Tito, organizzarono una grande insurrezione in Serbia, mettendo in crisi le forze tedesche che persero il controllo della regione per molto tempo. Dal Montenegro e dalla Serbia, la rivolta divampò in tutti i territori ex-jugoslavi, interessando le aree urbane ma soprattutto nelle campagne e sulle montagne, caratterizzata da subito da episodi di violenza inaudita, non solo contro le forze di occupazione, ma tra le stesse popolazioni slave, odi etnici che venivano da lontano: i Serbi sfuggiti alle persecuzioni degli Ustascia croati, i musulmani dell'Erzegovina e del Montenegro che si battevano contro i nazionalisti locali, gli Albanesi del Kosovo ed i Macedoni in rivolta contro l'occupazione dell'esercito bulgaro, i Serbi della Voivodina, perseguitati dalle autorità ungheresi, gli Sloveni contro l'occupazione italiana e tedesca. A partire dal mese di settembre poi, cetnici e titini smisero di collaborare, pur combattendo contro lo stesso nemico. Questo soprattutto dopo gli eccidi commessi dalle formazioni comuniste contro la stessa popolazione civile.

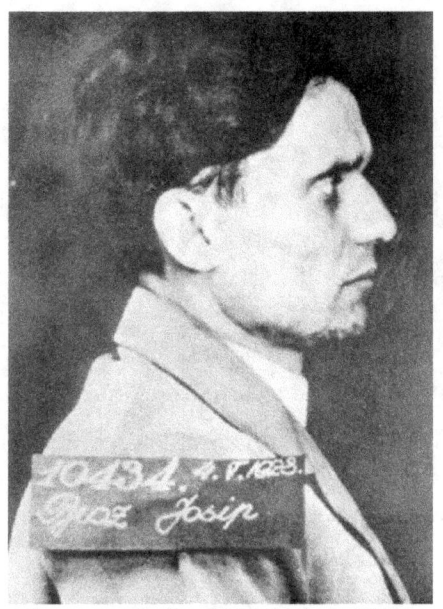 

**Foto segnaletica di Josip Broz 'Tito'.**  **Il colonnello Draza Mihailovic.**

I contrasti tra i due movimenti di resistenza, erano di natura puramente ideologica. Mihailovic, fedele al Re ed al governo in esilio a Londra, sognava la resurrezione della Jugoslavia prebellica, vicina alle democrazie occidentali. Tito, comunista croato, sognava invece una repubblica di Jugoslavia comunista e legata all'URSS. Da quel momento comunisti e cetnici si combatterono aspramente. Le potenze alleate inizialmente riconobbero in Mihailovic la vera guida del popolo jugoslavo, ma dal luglio 1943 iniziarono ad inviare aiuti militari soltanto ai partigiani comunisti. Ciò accade perché i cetnici furono accusati di collaborare con le forze dell'Asse. La loro collaborazione fu in realtà solo un modo per evitare alla popolazione dei villaggi e delle città le spietate ritorsioni dei tedeschi (per ogni tedesco ucciso venivano fucilati cento civili), per cui spesso i comandanti cetnici scesero a patti soprattutto con i comandi militari italiani, per mantenere l'ordine e frenare la violenza indiscriminata dei partigiani comunisti. Grazie all'appoggio totale degli alleati e della Russia, i partigiani slavi comunisti si organizzarono come un vero e proprio esercito, che nel 1943 giunse ad annoverare tra le sue file circa 250.000 uomini, organizzati in 11 Corpi d'Armata, 37 divisioni, 22 Brigate indipendenti, 25 battaglioni indipendenti e più di 199 altri reparti minori autonomi. Le forze dell'asse avevano occupato le principali città della Jugoslavia, controllavano le principali arterie stradali e ferroviarie, ma l'entroterra, i villaggi, le montagne erano in mano alle bande partigiane. Per fronteggiare la loro minaccia, fatta soprattutto di imboscate e saccheggi, l'Alto Comando germanico sin dall'inizio dell'occupazione fu costretto a lanciare numerose operazioni e ad inviare in Jugoslavia sempre nuovi reparti.

**Reparti SS nei Balcani.** **Partigiani comunisti catturati da reparti della** *'Prinz Eugen'*.

Le formazioni italiane e tedesche, aiutate dalle milizie locali anti-comuniste, combatterono disperatamente senza successo nel tentativo di distruggere le bande slave di Tito. Dopo l'uscita di scena dell'Italia in seguito all'armistizio dell'8 settembre, i partigiani comunisti si rinforzarono con le armi e i mezzi abbandonati dai reparti del regio esercito.

**Reparto SS durante un rastrellamento in un villaggio bosniaco.**

Malgrado l'intervento fulmineo tedesco (Operazione *Achse*), nel disarmare le unità italiane fedeli al nuovo governo di Badoglio, i titini riuscirono ad impossessarsi di molte armi pesanti e soprattutto di artiglierie di medio e grosso calibro. A partire dal mese di novembre del 1943, i tedeschi lanciarono nuove offensive anti-partigiane, inviando il grosso delle loro forze nella Jugoslavia occidentale e sud-occidentale. Malgrado il grosso dispiegamento di forze, le forze ribelli riuscirono ancora una volta ad evitare il totale annientamento spostandosi nella Bosnia occidentale, dove il capo partigiano Tito, fissò il suo nuovo quartier generale tra le montagne, nella piccola cittadina di Drvar.

## L'operazione Maibaum

Per bloccare lo spostamento delle forze partigiane in Serbia e distruggere il 3° Corpo bosniaco partigiano, fu pianificata per la fine di aprile del 1944 una nuova vasta operazione, chiamata in codice *Maibaum* (albero di maggio): diretta dal *V.SS-Gebirgs-Korps*, vide impegnate la *7.SS-Freiwillige-Gebirgs-Div. 'Prinz Eugen'*, la *13.Waffen-Gebirgs-Div. der SS 'Handschar'*, due battaglioni croati della *3.Jäger Brigade* e reparti della Milizia *Ustaša*. Il primo obiettivo delle forze tedesche era quello di catturare i villaggi di Tuzla e di Zvornik. La marcia doveva poi proseguire verso sud, parallelamente al corso della Drina, alfine di stabilire il collegamento con gli altri reparti del Corpo SS. Nel piano originale si pensò di impegnare l'*SS-Fallschirmjäger-Bataillon* nell'area di Vlasenica, ma all'ultimo momento il lancio dei paracadutisti in quella zona fu cancellato a causa delle cattive condizioni del tempo. Il 21 aprile, i reparti del 3° Corpo bosniaco ricevettero l'ordine da Tito di muovere dall'area di Vlasenica nella Bosnia orientale, attraversare la Drina ed avanzare nella Serbia occidentale per favorire il movimento di altre due divisioni partigiane dalla valle dell'Ibar verso l'area a sud-ovest di Valjevo sempre nella Serbia occidentale. Il 26 aprile, le forze tedesco-croate attaccarono le forze ribelli, travolgendole e disperdendo

Paracadutisti SS in un villaggio bosniaco, 1944.

la 36ª divisione proletaria e bloccando il tentativo dei partigiani di spostarsi nella Serbia occidentale. I cruenti combattimenti continuarono senza sosta fino all'11 maggio, quando i partigiani abbandonarono definitivamente il loro piano e le due divisioni del 3° Corpo bosniaco rimasero nella Bosnia orientale, nell'area Tuzla-Olovo.

**Paracadutisti SS in marcia, dopo aver recuperato materiali e animali.**

I reparti paracadutisti SS, dopo aver completato l'addestramento, furono impegnati anch'essi contro le forze partigiane in appoggio agli altri reparti tedeschi, nell'area di Uzice e Tuzla, come semplici reparti di fanteria, rastrellando foreste e villaggi alla ricerca di gruppi ribelli rimasti isolati. Non mancarono scontri a fuoco con il nemico e furono catturati grosse quantità di armi e materiali.

### Note

[1] Kurt Rybka, nato il 17 giugno 1917 a Darmstadt, SS-Nr. 272 723. Servì in precedenza nella *SS-Totenkopf-Kradschützen-Ersatz-Kompanie* (maggio 1940) e nel marzo del 1941 fu trasferito all'*SS-Kampfgruppe Nord*, per assumere in seguito il comando della *3./SS-Aufkl.Abt.6* (1943).

[2] Draza Mihailović nacque nel 1893 ad Ivanjica nella Serbia sud-occidentale. All'età di quindici anni entrò nell'Accademia Militare di Belgrado e nel 1912 prese parte alla guerra contro la Turchia. Alla fine della Prima Guerra Mondiale, dopo essersi distinto sul campo di battaglia, il Tenente Mihailović fu trasferito nella Guardia Reale a Belgrado, come comandante di compagnia. Nell'Ottobre del 1922 fu promosso Capitano passando nei servizi di Intelligence e poi nel dipartimento di istruzione dell'esercito. Nel 1926 fu promosso Maggiore e trasferito allo stato maggiore generale. Nel 1939 il Colonnello Mihailović serviva come professore permanente presso l'Accademia Militare di Belgrado.

[3] Josip Broz, nato da una modesta famiglia contadina nella Croazia austro-ungarica, lottò per tutta la sua vita per l'affermazione degli ideali comunisti. Durante la Prima Guerra Mondiale, venne fatto prigioniero in Russia. Durante la rivoluzione bolscevica, aderì subito ad essa. Quando rientrò in Patria, venne subito arrestato ed imprigionato per attività sovversiva. Quando uscì di prigione, dopo alcuni anni, fu costretto alla clandestinità prima di ritornare nuovamente in Unione Sovietica, diventando un membro del Comintern. Alla fine degli anni Trenta ritornò in Jugoslavia assumendo la guida del partito comunista locale, assumendo vari nomi di copertura, sempre per sfuggire alla polizia. Fu solo con l'inizio dell'operazione Barbarossa nel giugno del 1941, che Josip Broz iniziò ad organizzare bande ribelli contro le forze di occupazione. Nell'occasione si scelse il nome di battaglia di Tito, non per ricordare l'antico Imperatore Romano, in realtà si trattava di una sigla: *Tajna Internacionalna Terroristicka Organizacija*, Organizzazione segreta terroristica internazionale. Ed infatti di terroristi si trattava, visto che Tito ed i suoi partigiani comunisti, decisero di operare anche a rischio di coinvolgere la popolazione civile nelle rappresaglie tedesche. Era un mezzo come un altro di raccogliere nuovi adepti. Tito sapeva benissimo che i suoi attacchi terroristici contro le forze di occupazione avevano come diretta conseguenza le durissime ritorsioni da parte delle stesse contro l'inerme popolazione civile. Ma tutto questo rientrava nella logica della lotta comunista. La sua spregiudicatezza lo portò addirittura a cercare un intesa con le forze dell'Asse pur di annientare le forze cetniche, dicendosi anche disposto pronto ad appoggiare le forze tedesche in caso di sbarco alleato nei Balcani.

L'abitato di Drvar, in una foto risalente al 1944.

Sentinelle a difesa della grotta di Tito a Drvar.

Il Maresciallo Josip Broz 'Tito', primo a destra, con il suo Stato Maggiore a Drvar, nel maggio del 1944.

# L'Operazione Rösselsprung

Fin dal febbraio del '44, l'Intelligence tedesca, grazie all'intercettazione di comunicazioni radio tra i vari reparti ribelli, era riuscita ad individuare il nuovo quartier generale di Tito nei pressi della cittadina di Drvar. Iniziarono quindi preparativi per il lancio di una nuova offensiva diretta proprio contro il comando ribelle, nella quale sarebbero state impegnate forze di terra precedute da truppe aviotrasportate. All'operazione fu dato il nome in codice di *Rösselsprung* (mossa del cavallo). La piccola città di Drvar era stata scelta da Tito alla fine del gennaio del '44 per la sua eccellente posizione strategica, e per l'elevato numero di ostacoli naturali presenti capaci di rendere impossibile l'avvicinamento da parte di forze militari corazzate. La città era circondata da colline boscose e l'avanzata di qualsiasi unità nemica poteva essere scorta con notevole anticipo. Inoltre il fiume Unac proteggeva con le sue acque la città da tre lati. Nel piccolo centro bosniaco si erano attestate diverse formazioni partigiane. Inoltre lungo la strada per Drvar erano stati dislocati reparti ben armati per assicurare il controllo dei principali incroci.

## Preparativi per l'operazione

I comandi tedeschi prepararono l'operazione minuziosamente curandola nei minimi particolari: furono eseguiti numerosi voli di ricognizione nell'area intorno a Drvar, per identificare con esatta precisione i diversi obiettivi e per scegliere le zone di atterraggio più idonee per i paracadutisti e gli alianti. Considerando le previsioni meteorologiche sulle montagne della Bosnia fu decisa anche la data dell'inizio dell'operazione: il 25 maggio, il giorno del compleanno di Tito.

Feldmaresciallo von Weichs.

Generale Ernst von Leyser.

Generale Lothar Rendulic.

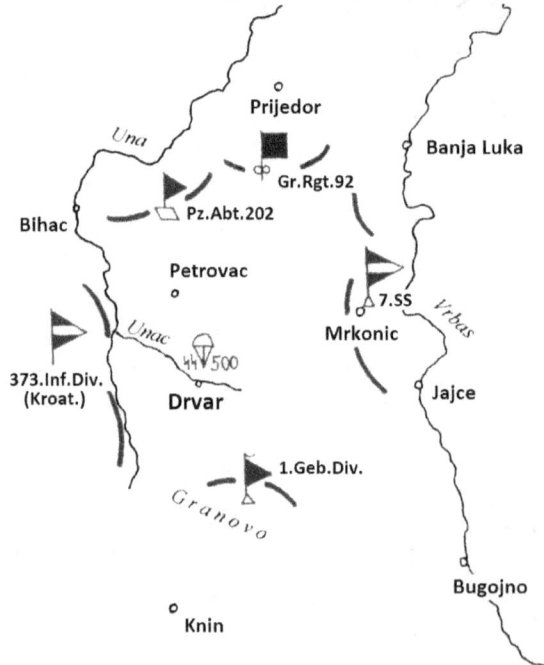

**Operazione 'Rösselsprung'**
**25 maggio - 4 giugno 1944**

Solo a partire dal 21 maggio, ai comandanti delle varie unità fu consegnato il foglio con le specifiche dell'operazione. Per quanto riguardava l'impiego dei paracadutisti SS, essi dovevano essere lanciati nell'area di Drvar, con alianti o direttamente con i paracadute, raggiungere il quartiere generale di Tito situato in una grotta ben protetta, catturare o uccidere il capo partigiano. Insieme a Tito dovevano essere catturate ed eliminate le missioni militari straniere alleate presso i partigiani comunisti, prime fra tutte quella sovietica e quella inglese. L'ordine per l'esecuzione dell'operazione fu emesso il 6 maggio 1944, dal comandante dell'*Heeresgruppe F*, il Feldmaresciallo Maximilian von Weichs ed Hitler diede la sua approvazione finale il 21 maggio. L'ordine fu comunicato al comandante del *XV.Gebirgs-Korps*, *General der Infanterie* Ernst von Leyser, responsabile della condotta sul campo dell'operazione, dal comandante della *2.Panzer-Armee*, il *Generaloberst* Lothar Rendulic.

## SS-Fallschirmjäger Bataillon 500

Paracadutisti SS in addestramento con un pezzo anticarro senza rinculo da 75mm *LG 40*, un'arma creata appositamente per le truppe aviotrasportate tedesche.

### Ordine del 21 maggio 1944

**1)** Nell'area di Drvar nella Bosnia occidentale è stato individuato il comando supremo delle forze comuniste ribelli, il quartier generale di Tito con le missioni militari alleate; a Petrovac è stato individuato un centro rifornimenti ed un aeroporto. In tutta l'area ci sono circa 12.000 ribelli con armi pesanti (compresa artiglieria e cannoni anti-carro) così come nell'area di Petrovac sono stati rilevati dalla ricognizione aerea anche mezzi corazzati. Le strade intorno all'area sono minate e controllate dai partigiani con numerosi posti di blocco. Una forte resistenza potrebbe essere portata dalla 1ª divisione proletaria dislocata nell'area ovest e sud-ovest di Mrkonjicgrad e dalla 6ª divisione della Lika nell'area orientale della parte superiore della valle dell'Unac.

**2)** Il nemico deve essere attaccato con un'azione avvolgente usando paracadutisti e le nostre forze aeree, con l'intento di eliminare i capi partigiani, le basi di rifornimento, il quartier generale di Drvar, la base di Petrovac e tutte le formazioni nemiche nell'area. L'operazione sarà guidata dal XV° Corpo da montagna. L'operazione è chiamata in codice *Rösselsprung*. Il successo dell'operazione ha grande significato per la condotta della guerra nei Balcani. Decisione, fermezza e sacrificio da parte di ciascun soldato sono i prerequisiti per il totale successo.

**3)** La 7ª divisione SS *Prinz Eugen*, con un gruppo reggimentale ed un battaglione d'assalto di granatieri corazzati alle sue dipendenze, dovrà eliminare la resistenza nemica ad est del fiume Sana e dovrà avanzare tra il Sana e l'Unac immediatamente a nord delle colline boscose. Qui dovranno essere eliminate le bande nemiche e le loro basi di rifornimento, cosi come dovrà essere liberata la strada verso Drvar. Il battaglione d'assalto, con la 202ª compagnia corazzata, dovrà partire da Banja Luka, passare per Klujc e conquistare le posizioni nemiche. Il gruppo reggimentale della *Prinz Eugen* dovrà partire da Jajce lungo la strada ferroviaria e la strada per Savici, puntando prima nell'area a sud delle rive del fiume Sana e la stazione ferroviaria di Mlinista. Il 105° battaglione da ricognizione SS, rinforzato con una compagnia corazzata SS alle sue dipendenze, dovrà annientare le bande nemiche a Livanskopolje e distruggere le basi di rifornimento nell'area, proseguendo poi via Grahovo verso Drvar, per tagliare la ritirata alle bande partigiane. Il 369° Gruppo esploratori ed il 105° battaglione esploratori SS dovranno partire da Livno e puntare verso Glamocko Polje per spingersi poi verso Drvar per intercettare la ritirata nemica. Livno deve essere occupata e presidiata.

**4)** La 373ª divisione preceduta da un Gruppo da combattimento (*Kampfgruppe Willam*) dovrà muovere il 25 maggio alle 5:00 dall'area di Srb e dovrà avanzare alla massima velocità via Trubar fino a Drvar, per rilevare a qualsiasi costo e nello stesso giorno, gli uomini del 500° battaglione paracadutisti SS. Una volta preso contatto con i paracadutisti SS, lo stesso battaglione passerà alle dipendenze del *Kampfgruppe Willam*. Tutte le missioni militari ed i posti di comando nell'area di Drvar devono essere distrutti. Mentre Drvar sarà presidiata, i reparti si spingeranno verso Petrovac. Il *Kampfgruppe Willam* deve essere equipaggiato con armi pesanti. Un altro *Kampfgruppe* della stessa divisione, possibilmente della forza di un battaglione, dovrà muovere da Lapac e procedere verso Vrtoce. E' importante prendere l'incrocio stradale di Vrtoce prima possibile e poi in base alle circostanze aprirsi la strada Bihac-Vrtoce e spingersi verso nord-ovest.

**Compagnia paracadutisti SS pronta al decollo, con armi e tenuta completa da lancio.**

**5)** Il 92° reggimento motorizzato con il 54° battaglione esploratori ed un gruppo reggimentale della 2ª Brigata cacciatori croata alle sue dipendenze, dovrà muovere dall'area di Bihac alle 5:00 del 25 maggio e spingersi verso Krupa in direzione sud-est per prendere Petrovac. I ribelli ed i posti di comando in quest'area devono essere eliminati; l'aeroporto e le basi di rifornimento devono essere presi. L'avanzata di questo *Kampfgruppe* è di decisiva importanza. Il 92° reggimento motorizzato dovrà liberare l'area di Petrovac per poi spingersi verso Drvar per intercettare la ritirata nemica e congiungersi con il *Kampfgruppe Willam*.

**6)** Il 1° reggimento del *Brandenburgo* con un reparto croato ai suoi ordini, dovrà muovere da Knin, proseguire per Grohovo e dovrà attestarsi lungo la linea Prekaja-Drvar.

**7)** L'*SS-Fallschirmjäger-Bataillon 500* dovrà essere paracadutato il 25 maggio, dopo che gli *Stukas* avranno attaccato pesantemente Drvar con il compito di distruggere completamente il quartier generale di Tito.

## SS-Fallschirmjäger Bataillon 500

Paracadutisti SS, bivaccano tranquillamente, in attesa di trasferirsi nella nuova area operativa.

Preparazione dei contenitori per il trasporto dei materiali da paracadutare: armi, rifornimenti, razioni di cibo, tutto ciò che poteva essere utile ai paracadutisti.

Alcuni ufficiali dell'*SS-Fallschirmjäger Bataillon 500*.

Il comandante delle nostre forze aeree in Croazia dovrà lanciare attacchi, immediatamente prima dell'aviolancio e colpire tutte le posizioni nemiche. Al 24 maggio i reparti dell'*SS-Fallschirmjäger-Bataillon 500* dovranno essere dislocati come segue:

✓ Gruppo Rybka (paracadutisti) con il quartier generale a Bihac.
✓ 2ª e 3ª compagnia ed un plotone della 4ª a Nagi Betskerek (314 uomini)
✓ il resto della 4ª compagnia, la 1ª compagnia ed il reparto *Benesch*[1], sei uomini dell'*Intelligence* e del controspionaggio dell'*Abwher*, a Zagabria (circa 320 uomini)
✓ La seconda ondata di paracadutisti dovrà essere composta dal resto della 2ª compagnia e dalla compagnia addestramento. Questo Gruppo di 220 uomini sarà dislocato a Banja Luka.

L'*SS-Fallschirmjäger-Bataillon 500* sarà posto alle dipendenze delle forze aeree in Croazia fino al momento del lancio. Dopodiché passerà alle dipendenze del XV° Corpo da montagna, quando una delle unità terrestri prenderà contatto con esso. Il quartier generale per le operazioni è fissato nella località di Bihac. Dall'inizio di maggio vennero fatte affluire in Bosnia, segretamente e gradualmente per non allarmare i partigiani, i vari reparti che dovevano partecipare all'operazione, mentre negli aeroporti vicino Zagabria furono preparati gli aerei e gli alianti per i paracadutisti.

## SS-Fallschirmjäger Bataillon 500

Reparti della *373.(Kroat.).Inf.Div.* in marcia

Un aliante *DFS 230* mentre atterra utilizzando il paracadute frenante, primavera 1944.

Alcuni comandanti cetnici posano per una foto con ufficiali tedeschi, durante un'operazione antipartigiana contro le bande comuniste di Tito, 1944.

## Le forze in campo

Le unità terrestri che parteciparono all'operazione includevano:

### Wehrmacht

- Un gruppo reggimentale ed il battaglione esploratori della 373ª divisione di fanteria croata (*Tigar Division*);
- il battaglione esploratori (rinforzato) della 369ª divisione di fanteria croata;
- il 1° Reggimento della divisione *Brandenburgo* (tranne il suo III° Battaglione);
- un altro *Kampfgruppe* della *Brandenburgo*;
- il *Grenadier Regiment 92 (mot.)*;
- il *Geb.Aufklärungs-Abteilung 54 (1.Geb.Div.)*;
- il *Panzer-Abteilung 202*;

### Reparti SS

- *SS-Fallschirmjäger-Bataillon 500*, con aggregati elementi della *1.Fallschirmjäger-Division* ed il *Sonderkommando Zavadil*;
- un gruppo reggimentale della *7.SS-Frw.Geb.Div. 'Prinz Eugen'*;
- l'*SS-Frw.Geb.Jg.Rgt. 13* della *Prinz Eugen*;
- l'*SS-Aufk.Abt.7*;
- l'*SS-Aufkl.Abt.105*;

### Luftwaffe

- *Schleppgruppe 1*
- *Luftlandegeschwaders 1*
- *Nachtschlachtgruppe 7*
- *Kroatische Luftwaffen-Legion*

### Forze croate

- 1° reggimento dell'esercito nazionale croato (*Hrvatsko domobranstvo*)

Tito con il generale Koča Popović a Drvar.

Il difficile accesso alla grotta rifugio di Tito.

Partigiane della guardia personale di Tito a Drvar.

- 2ª Brigata cacciatori croata

**Forze cetniche**
- Reparti del 'Corpo della Krajina bosniaca'
- 1° Corpo Bosniaco '*Gavrilo Princip*'
- 501° Corpo cetnico
- 502° Corpo cetnico

Da parte delle forze partigiane titine, il dispositivo difensivo intorno all'area di Drvar era stato notevolmente rinforzato: oltre sul suo battaglione di scorta (circa quattrocento uomini), Tito poteva contare sulla 1ª divisione proletaria, la 6ª divisione proletaria, la 4ª divisione della Krajina, reparti della 9ª e 39ª divisione, oltre a numerosi distaccamenti di difesa locali a Drvar, Glamoc, Grahovo e Mrkonjic-Grad.

## Il lavoro dell'Intelligence tedesca

L'impegno dei paracadutisti SS era estremamente delicato, dal momento che essi avrebbero dovuto fronteggiare da soli la reazione nemica dopo l'assalto dal cielo ed attendere l'arrivo delle forze terrestri del XV° Corpo da montagna tedesco. Il compito principale dei paracadutisti era quello di catturare Tito ed i suoi ufficiali. L'Intelligence tedesca, grazie agli agenti del *Brandenburgo* infiltrati tra la popolazione civile, aveva localizzato il quartier generale del capo partigiano prima in una grotta a Drvar, su un pendio roccioso dal quale si dominava la città e tutte le vie di accesso. Successivamente, il capo partigiano, temendo un attacco tedesco, spostò il suo quartier generale in un'altra grotta nei pressi del villaggio di Bastasi, a circa 6-7 chilometri a nord-ovest di Drvar: durante il giorno Tito restava a Drvar, poi la notte tornava a rifugiarsi nella grotta di Bastasi. L'esatta posizione fu confermata dall'intercettazione delle comunicazioni radio e dalla confessione di un disertore, che sotto interrogatorio indicò l'esatta posizione della grotta e la composizione delle forze partigiane a difesa della stessa.

**Allievi della Scuola Ufficiali partigiana.**

L'unità ribelle più consistente era costituita dal battaglione di scorta di Tito, comprendente circa 350 partigiani, organizzati in quattro compagnie di fanteria, con l'appoggio di quattro carri leggeri. All'ingresso della grotta c'erano cinque guardie armate in modo leggero. Il 21 maggio, come già riportato prima, il quartier generale del XV° Corpo da Montagna diramò alle sue unità subordinate le notizie riservate dell'Intelligence ricevute dalla 2.*Panzerarmee* con i dettagli circa l'esatta posizione del quartier generale di Tito, la composizione dei reparti che difendevano l'aeroporto di Petrovac ed un aggiornato ordine di battaglia delle forze nemiche nell'area. Erano stati localizzati e identificati tre Corpi partigiani, il I°, il V° e l'VIII°, la cui consistenza e combattività fu ritenuta molto scarsa. Quest'ultimo dettaglio era in netto contrasto con le informazioni fornite dagli agenti del *Brandenburgo*, che avevano compilato un'accurata scheda circa le forze partigiane. Da questa emergeva che sei divisioni erano state identificate nell'area intorno a Drvar, insieme ad altri reparti di élite inclusa una Scuola Allievi Ufficiali partigiana. Anche lo stesso Otto Skorzeny, fu impegnato nel 'trovare' la tana di Tito e già nel marzo del 1944, riuscì ad ottenere precise informazioni: i suoi agenti riferirono che la notizia dell'imminente offensiva tedesca era già trapelata e i ribelli si stavano preparando adeguatamente rinforzando le difese intorno al quartier generale di Tito. A quel punto Skorzeny consigliò di avvicinarsi al rifugio di Tito, per catturarlo o ucciderlo, impiegando soldati travestiti da partigiani, ma la sua proposta cadde nel vuoto. Il comando tedesco preferì a pianificare un attacco su larga scala, con truppe terrestri, bombardieri, truppe aviotrasportate ed alianti. Al 'controspionaggio' ribelle era però sfuggito un importante dettaglio: essi si aspettavano solo un attacco portato da forze terrestri appoggiato da bombardamenti dall'alto, nulla sapevano però dell'impiego del battaglione paracadutisti SS e quindi praticamente non erano preparati a difendersi da un attacco portato da truppe aviotrasportate.

## Il piano di Rybka

Ricevuti gli ordini circa l'impiego dei suoi uomini, l'*SS-Hstuf*. Rybka iniziò da subito a stendere un piano provvisorio di battaglia. L'assalto doveva avvenire con gli alianti, ma non ce n'erano abbastanza per cui fu deciso che una parte degli uomini sarebbero stati paracadutati. La mancanza di aerei costrinse poi a suddividere il lancio dei paracadutisti in due ondate. L'*SS-Hauptsturmführer* Rybka progettò una prima ondata di 654 paracadutisti. 314 di questi lanciati con il paracadute con il compito di occupare Drvar, mentre i restanti organizzati in sei gruppi di assalto, lanciati a bordo degli alianti. La prima ondata di paracadutisti sarebbe stata lanciata alle 7:00 del mattino, la seconda verso mezzogiorno. Ad ogni gruppo di assalto degli alianti fu assegnato un compito specifico:

*Gruppe Panther*: 110 uomini con il compito di neutralizzare la guardia del corpo di Tito e di catturare il suo quartier generale (il settore fu identificato sulle mappe come *Zitadelle*). Doveva atterrare nei pressi del cimitero.

*Gruppe Greifer*: 40 uomini incaricati di annientare la missione militare inglese nel villaggio di Prnjavor, due Km a sud di Drvar sulla strada per Bosansko Grahovo.

*Gruppe Beisser*: 20 uomini incaricati di installare una stazione radio mobile a sud di Prnjavor e assistere il gruppo *Greifer*.

Otto Skorzeny.

*Gruppe Sturmer*: 50 uomini incaricati di annientare la missione militare sovietica tra il centro di Drvar ed il fiume Unac.

*Gruppe Brecher*: 50 uomini incaricati di annientare la missione militare americana nel villaggio di Trninic Brijeg, due chilometri a sud di Drvar.

La grotta-rifugio di Tito a Bastasi, 1944.

Reparto partigiano nella zona di Drvar.

Paracadutisti SS pronti a salire su un aliante *DFS 230*.

*Gruppe Draufgänger*: 50 paracadutisti SS e 20 uomini dell'unità speciale *Zavadil*[2] del *Brandenburgo*, esperti in comunicazioni e interpreti della *Prinz Eugen*, con il compito di annientare i reparti partigiani addetti alle comunicazioni radio e catturare i codici radio del nemico.

La seconda ondata, comprendente 220 paracadutisti, agli ordini dell'*SS-Hstuf*. Obermaier[3] e due alianti carichi di munizioni, sarebbe giunta verso mezzogiorno, per completare il rastrellamento della zona e portare rinforzo alle truppe lanciate nel corso della mattinata. Il compito principale assegnato ai paracadutisti consisteva nell'attacco alla grotta dove si rintanava Tito: le forze che avrebbero dovuto eseguire questa missione sarebbero scese con gli alianti, sulla sommità delle colline intorno alla grotta. Il secondo compito più importante consisteva invece nella distruzione delle delegazioni militari alleate e del sistema di comunicazioni radio dei partigiani comunisti.

Gruppo di paracadutisti SS destinato al trasporto con gli alianti, prima del decollo.

La prima ondata di paracadutisti avrebbe dovuto prendere la città di Drvar e prevenire gli eventuali attacchi partigiani contro le truppe scese con gli alianti. La seconda ondata di paracadutisti sarebbe dovuta servire per rinforzare i settori e i reparti in difficoltà. Rybka divise le forze che dovevano essere paracadutate in due gruppi di uguale consistenza. I paracadutisti della prima ondata, a loro volta, furono suddivisi in tre Gruppi: *Gruppe 'Blau'* (100 uomini), *Gruppe 'Grün'* (95 uomini) e *Gruppe 'Rot'* (85 uomini). Questi dovevano atterrare alle 7:00 su Drvar. Rybka sarebbe stato alla guida del Gruppo Rosso.

**Caricamento dei materiali a bordo di un aereo da trasporto *Ju-52*, destinato all'operazione.**

Fu calcolato in un'ora il tempo necessario per la conquista di Drvar. Dopo aver lasciato un piccolo distaccamento a difesa dell'abitato, il resto dei paracadutisti doveva appoggiare l'attacco delle truppe scese con gli alianti contro il comando di Tito. In particolare Rybka avrebbe dovuto prendere il comando del Gruppo *Panther* e guidare i suoi uomini nella conquista del quartier generale del capo partigiano. Il successo dell'assalto sarebbe stato segnalato dalla presenza di una bandiera tedesca all'entrata della grotta, il fallimento con il lancio di un razzo rosso per avvisare gli uomini dei gruppi *Greifer* e *Sturmer* di disimpegnarsi dalle loro azioni e convergere verso la Grotta. I paracadutisti della seconda ondata non furono suddivisi in gruppi, perché dovevano essere

**Un gruppo di paracadutisti SS in addestramento, 1944.**

usati come forza di sicurezza. I tedeschi si aspettavano una forte resistenza nemica, ma confidavano nel successo ritenendo scarsa la dotazione di armi pesanti presso i partigiani. Dalle informazioni raccolte, si sapeva che i ribelli disponevano solo di fucili, mitragliatrici leggere e qualche mortaio. Il comando germanico sottovalutò inoltre l'azione dell'aviazione alleata, che dalle sue basi in Italia già riforniva abbondantemente i partigiani comunisti di armi e viveri. Inoltre i caccia britannici intervennero durante l'operazione *Rösselsprung*, soprattutto contro le colonne motorizzate tedesche, rallentando notevolmente la loro marcia verso Drvar.

## SS-Fallschirmjäger Bataillon 500

## Ultimi preparativi

Durante la notte tra il 21 ed il 22 maggio, i reparti iniziarono ad essere trasferiti nelle aree di raggruppamento destinate alle unità coinvolte nell'operazione. Per nascondere la loro specialità militare, gli uomini indossarono le normali uniformi della fanteria dell'esercito tedesco e furono trasferiti su camion senza insegne o via treno. La maggior parte di essi era ancora all'oscuro dell'obiettivo della missione. Rybka poté comunicare i dettagli dell'operazione ai suoi uomini solo al mattino del 24 maggio durante una breve riunione con i suoi comandanti di reparto. Sempre durante la stessa giornata, furono completati tutti i preparativi: ad ogni paracadutista fu consegnata una foto segnaletica di Tito per poterlo riconoscere. Verso sera, i

**Paracadutisti SS all'aeroporto di Cacak.**

reparti iniziarono ad essere trasferiti verso gli aeroporti da dove sarebbero dovuti decollare i loro aerei. Il Gruppo di Rybka, appartenente alla prima ondata, fu radunato all'aeroporto di Nagy Betschkerek. Con esso c'erano anche il comando del battaglione, la 2. e la *3.Kp.* compagnia ed un plotone della *4.Kp.* Il resto della *4.Kompanie* fu destinato alle truppe trasportate con gli alianti, insieme con la *1.Kompanie*, un reparto del *Brandenburgo*, un gruppo bosniaco ed un plotone della *Luftwaffe*. I paracadutisti destinati al trasporto con gli alianti furono raggruppati all'aeroporto di Zagabria. I paracadutisti della seconda ondata, insieme con il resto della *2.Kompanie* e della compagnia addestramento, furono raggruppati all'aeroporto di Banja Luka.

### Note

[1] Alcuni membri di questa unità speciale della Sezione II dell'*Abwehr*, erano stati impegnati nella ricerca del quartier generale di Tito prima dell'operazione. L'unità era agli ordini del *Major* Benesch. Il *Leutnant* Kirchner, un membro dell'unità, era stato sulle tracce di Tito fin dall'ottobre del 1943. Alla fine delle ricerche, il comando di Tito era stato localizzato a Drvar, ma non si conosceva l'esatta ubicazione della grotta.

[2] Conosciuta anche come 'reparto da ricognizione in prima linea 216' (*Frontaufklärungstrupp 216*) della sezione I dell'*Abwehr*, era agli ordini del *Leutnant* Zavadil. In alcune fonti viene chiamato anche Gruppo *Savadil o Zawadil*.

[3] Josef Obermaier, nato l'8 gennaio 1914 a Oesteringen, SS-Nr. 232 946. Cadde in combattimento nella stessa giornata del 25 maggio 1944 nei pressi di Drvar.

# Attacco all'alba

Bombardieri in picchiata *'Stukas'* in volo verso Drvar.

Aerei tedeschi impegnati a colpire l'area di Drvar.

Paracadutisti a bordo di uno *Ju 87* in volo verso Drvar.

Alianti tedeschi atterrati con successo a Drvar.

Alle cinque del mattino del 25 maggio 1944, la *Luftwaffe* effettuò un pesante bombardamento sull'area intorno a Drvar. Alle 5:55 iniziarono i decolli dagli aeroporti di Zagabria. Gli aerei comprendevano il 1° Gruppo rimorchiatori, *Schleppgruppe 1* (*Henschel HS 120* dotati di fune di traino per gli alianti *DFS 230*) e il 1° Gruppo da aviosbarco (*Luftlandegeschwaders 1*) dotato oltre che di *HS 120* anche di *Junkers 87* e cinque biplani cecoslovacchi *Aviab 534*. Le condizioni meteorologiche erano ottime, la visibilità buona e quindi non si verificarono incidenti. Prima e al momento del decollo non si verificò nessun guasto meccanico. La flotta da trasporto, scortata da caccia della *Luftwaffe* giunse dopo un'ora, il tempo necessario per coprire i 150 chilometri di distanza, in vista della valle dell'Unac, sulla cui sponda sinistra si trovava la cittadina di Drvar. I caccia in appoggio provenivano dallo *Jagdgeschwaders 51* (II./JG51) e dallo *Schlachtgeschwader 2* (I./SG52). Alle 6:50, i primi alianti furono sganciati sull'obiettivo e mentre questi planavano verso le zone di atterraggio, gli aerei tedeschi colpirono con il loro fuoco tutta l'area circostante. Gli alianti del Gruppo *Panther*, undici *DFS 230*, dovettero far uso del paracadute-freno per atterrare in prossimità di Drvar: la maggior parte dei velivoli finì a poche centinaia di metri dall'obiettivo, mentre solo uno, il cui pilota era stato colpito dal fuoco dei ribelli, finì più lontano. I sette alianti del Gruppo *Draufgänger* raggiunsero tutti il punto di atterraggio prestabilito, definito in codice "*Incrocio occidentale*", dove si riteneva fosse installata la stazione radio dei ribelli. Solo due di essi furono costretti a ritardare l'atterraggio, effettuando ampie virate sotto il fuoco nemico, per scendere nel punto stabilito. Gli altri sedici alianti dei restanti gruppi scesero per la maggior parte sugli obiettivi prefissati malgrado fossero bersagliati dal fuoco delle mitragliatrici nemiche.

Aerei *Henschel Hs 126* con alianti da trasporto al traino in volo verso Drvar

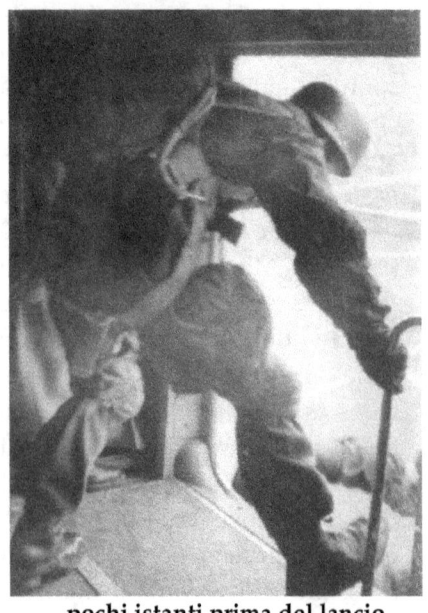

...pochi istanti prima del lancio.

Mentre gli alianti completavano i loro atterraggi, dagli *Ju-52* iniziarono a saltare i paracadutisti. Per diminuire al massimo le perdite, i lanci furono effettuati a bassa quota, così da non dare al nemico la possibilità di colpire i paracadutisti durante la loro discesa. La maggior parte degli uomini toccò il suolo dopo solo una quindicina di secondi. Il raggruppamento dei reparti si svolse rapidamente, malgrado la pronta reazione delle forze partigiane, che dopo un primo momento di sbandamento, iniziarono a rovesciare sui paracadutisti SS un massiccio fuoco di sbarramento.

**Dal diario di un paracadutista, il racconto delle giornate del 24 e 25 maggio 1944:** "....*24 maggio: noi paracadutisti SS siamo pronti. Nessuno dei miei camerati è riuscito a chiudere occhio questa notte. E' la mia prima operazione e domani sarà il mio primo lancio*

*di guerra. 25 maggio: La sveglia è suonata alle 3:30; dopo un'ora siamo già tutti allineati in uniforme, ognuno completamente equipaggiato con il paracadute. Le armi sono state sistemate negli appositi contenitori che verranno lanciati insieme a noi. Gli ufficiali hanno richiamato la nostra attenzione: '...Non sprecate munizioni, non fermatevi per i feriti! Andate subito verso l'obiettivo che vi è stato assegnato'. Siamo in trecento, tutti giovani e ognuno crede fermamente in quello che sta facendo. Saliamo sugli aerei, dei velivoli da trasporto Ju 52. Una volta partiti, i nostri comandanti ci forniscono ulteriori informazioni e raccomandazioni. Dopo circa un'ora di volo siamo sull'obiettivo. Gli aerei* Henschel *hanno staccato gli alianti e noi siamo su Drvar. Gli* Stukas *hanno bombardato l'area fin dalle prime luci dell'alba. Alle 6:50, il nostro aereo da trasporto ha finalmente aperto il portellone: dai finestrini riusciamo a scorgere il terreno collinoso sotto di noi. Alle 7:00, il primo paracadutista si lancia nel vuoto, poi viene il mio turno... Passano appena venti secondi dall'impatto con il suolo. Gli aerei ci hanno lanciato così a bassa quota, che sembrava che non ci fosse il tempo necessario per aprire il paracadute. Arrivati a terra, c'è un po' di confusione; andiamo alla ricerca dei contenitori delle nostre armi pesanti e dei nostri ufficiali di reparto. La presenza dei nostri aerei nel cielo ci rassicura un poco. Nel mio plotone contiamo già tre perdite: due morti per il fuoco nemico ed un ferito grave per la caduta".*

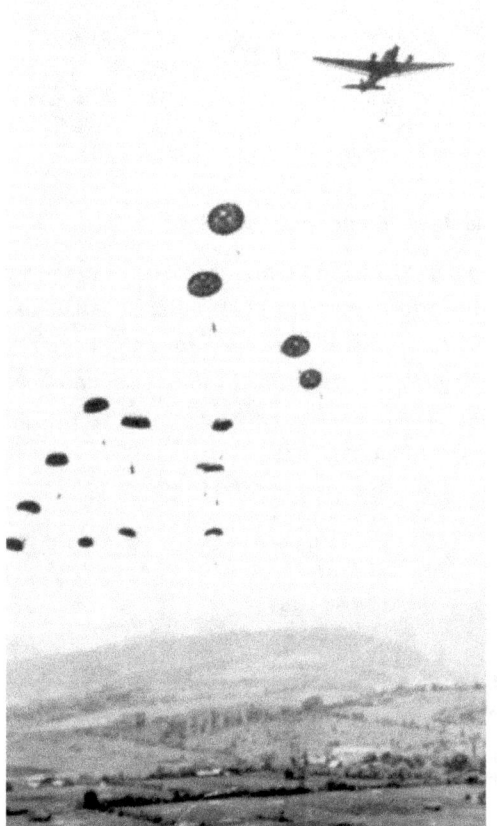

Discesa paracadutisti a Drvar.

Vista da un aliante da trasporto trainato.

**Testimonianza del** *Leunant* **Sieg, ufficiale pilota del** *II./LLG1*: *"...il 24 maggio ho seguito il mio comandante di gruppo, l'*Hauptmann *Jahnke, ad Agram presso il comando aereo della Croazia* *per un riunione in relazione all'operazione 'Rösselsprung'. Ad essa partecipavano tutti i comandanti di reparto coinvolti nell'operazione, l'Hstuf. Rybka, i comandanti dei reparti cetnici e Ustascia e molti altri. Nella più completa segretezza furono discussi i piani dell'operazione, analizzando foto aeree ed altra documentazione.*

Aerei da trasporto durante l'operazione di lancio dei paracadutisti.

*Ritornammo da questa riunione nel primo pomeriggio del 24 maggio e presso il nostro aeroporto presso la scuola di Koflern, i piloti degli alianti da trasporto ricevettero subito precise istruzioni, così come i piloti degli aerei che avrebbero dovuto trainare gli alianti, furono informati sull'esatto percorso aereo da seguire, l'altitudine da tenere ed altri dettagli operativi. I piloti assegnati a me avevano la missione di atterrare quanto più vicino possibile alla 'cittadella' di Drvar per sorprendere l'intero Stato Maggiore di Tito con un movimento a tenaglia.*

Alianti trainati da aerei in volo verso Drvar.

*Nei nostri acquartieramenti e negli aeroporti c'era molta confusione alla vigilia del 25 maggio. L'equipaggiamento, le munizioni e le armi furono controllate ed i rimorchiatori si disposero per decollare. Poi, molto prima che spuntasse l'alba, gli uomini del battaglione paracadutisti SS si sono portati sulle nostre posizioni attendendo le istruzioni di imbarco. Una breve riunione sugli obiettivi della missione, sincronizzazione degli orologi ed i motori furono avviati.*

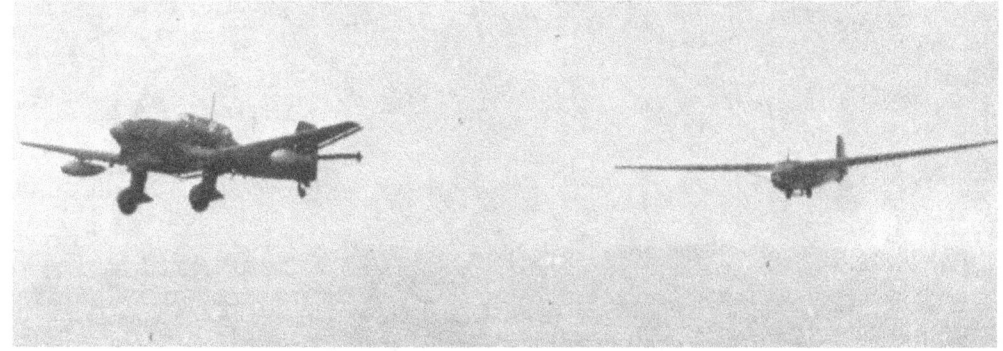

Uno *Ju-87* con al traino un aliante da trasporto *DFS-230*.

Uscita dei paracadutisti dagli alianti appena atterrati.

*Alle 5:55 i velivoli decollarono trainandosi dietro gli alianti da trasporto. Poco dopo, intorno a noi iniziammo a vedere gli aerei di scorta della Legione croata della* Luftwaffe, *del* Nachtschlachtgruppe 7, *squadroni di bombardieri in picchiata e caccia. Poco prima delle 7:00, giungemmo nella valle dell'Unac, ad una altitudine di circa 3.000 metri. Ho cercato disperatamente Drvar nella nebbia del mattino. Esattamente alle 6:50, ho sganciato la fune di traino del velivolo. Nello stesso tempo, i caccia bombardieri ed i bombardieri in picchiata iniziarono a colpire la città ed i suoi dintorni... Per la discesa, decisi per una picchiata usando il paracadute-freno. Con un sussulto appena percettibile il paracadute freno si aprì alla coda della fusoliera. L'aliante, con il suo pesante carico, con i suoi dieci occupanti, perse slancio e si tuffò con un angolo ripido sull'obiettivo oscurato dal fumo e dalla nebbia. L'altimetro iniziò a scendere rapidamente, 1.500 metri, 1.000 metri, 500 metri e poi fummo sull'obiettivo, il muro della cittadella di Drvar e gli edifici dello Stato Maggiore di Tito, iniziarono a prendere forma. Avvistai due pezzi antiaerei, abbandonati dai partigiani in preda al panico, distratti dal nostro atterraggio. Tentai di atterrare il più vicino possibile alle mura della città.*

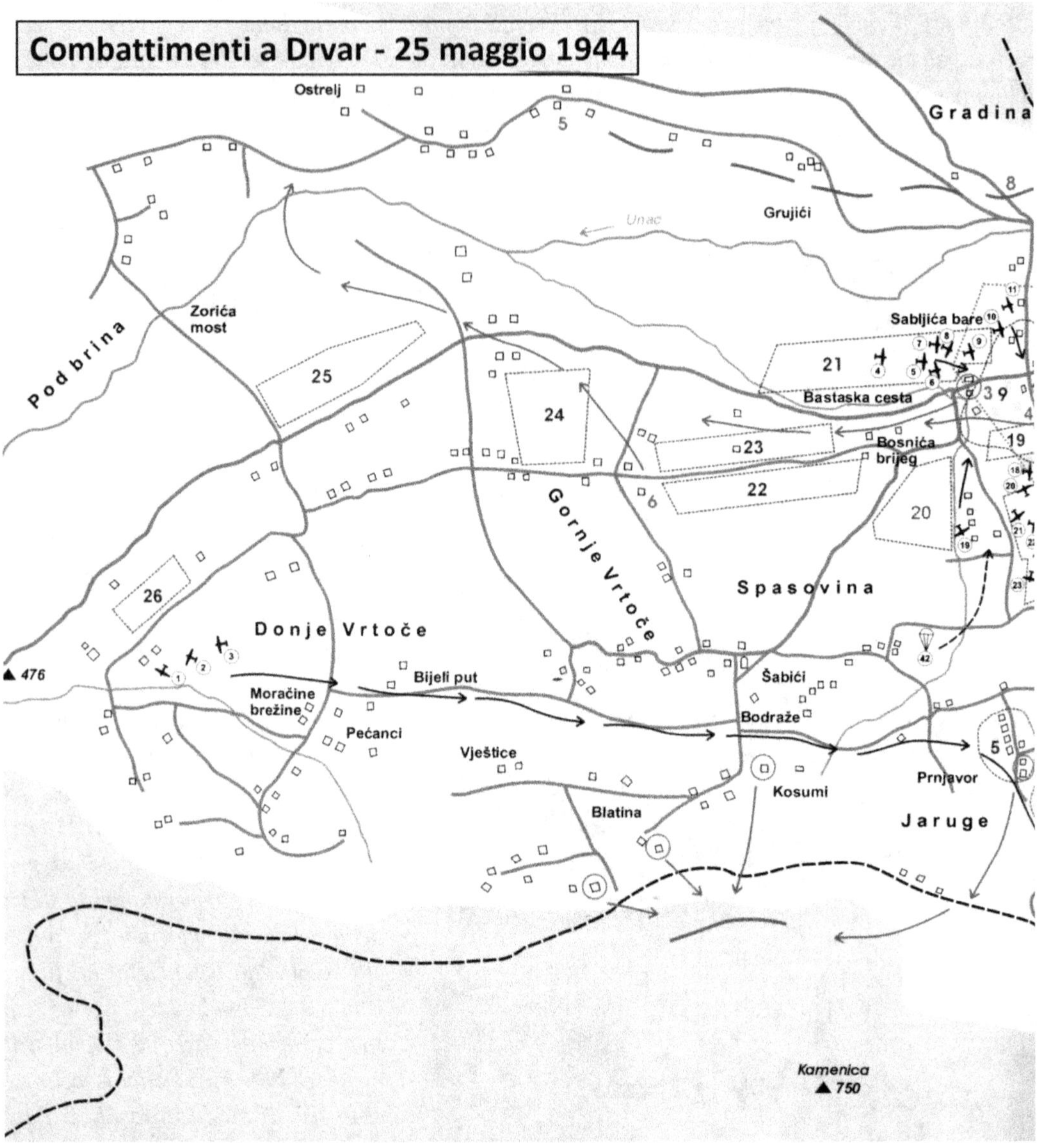

## SS-Fallschirmjäger Bataillon 500

### Combattimenti a Drvar - 25 maggio 1944

Legenda della carta topografica di fonte jugoslava (Archivio Luca Poggiali)

Forze tedesche (con i nomi dei vari gruppi)

| 'Blu'     | 48,51,52,53 | 'Beisser'    | 35,36,37 |
|-----------|-------------|--------------|----------|
| 'Verde'   | 43,44,45,46 | 'Panther'    | 17,18,19,20,21,22,23,24,25,26,27,28,29,30,31,32,33,34 |
| 'Rosso'   | 42,47,48,50 | 'Sturmer'    | 12,13,14,15,16 |
| 'Brecher' | 38,39,40,41 | 'Draufganger'| 4,5,6,7,8,9,10,11 |
| 'Greifer' | 1,2,3       |              |          |

Zone di atterraggio previste | Luogo di atterraggio alianti | Zone atterraggio paracadutisti | Movimento reparti tedeschi

## SS-Fallschirmjäger Bataillon 500

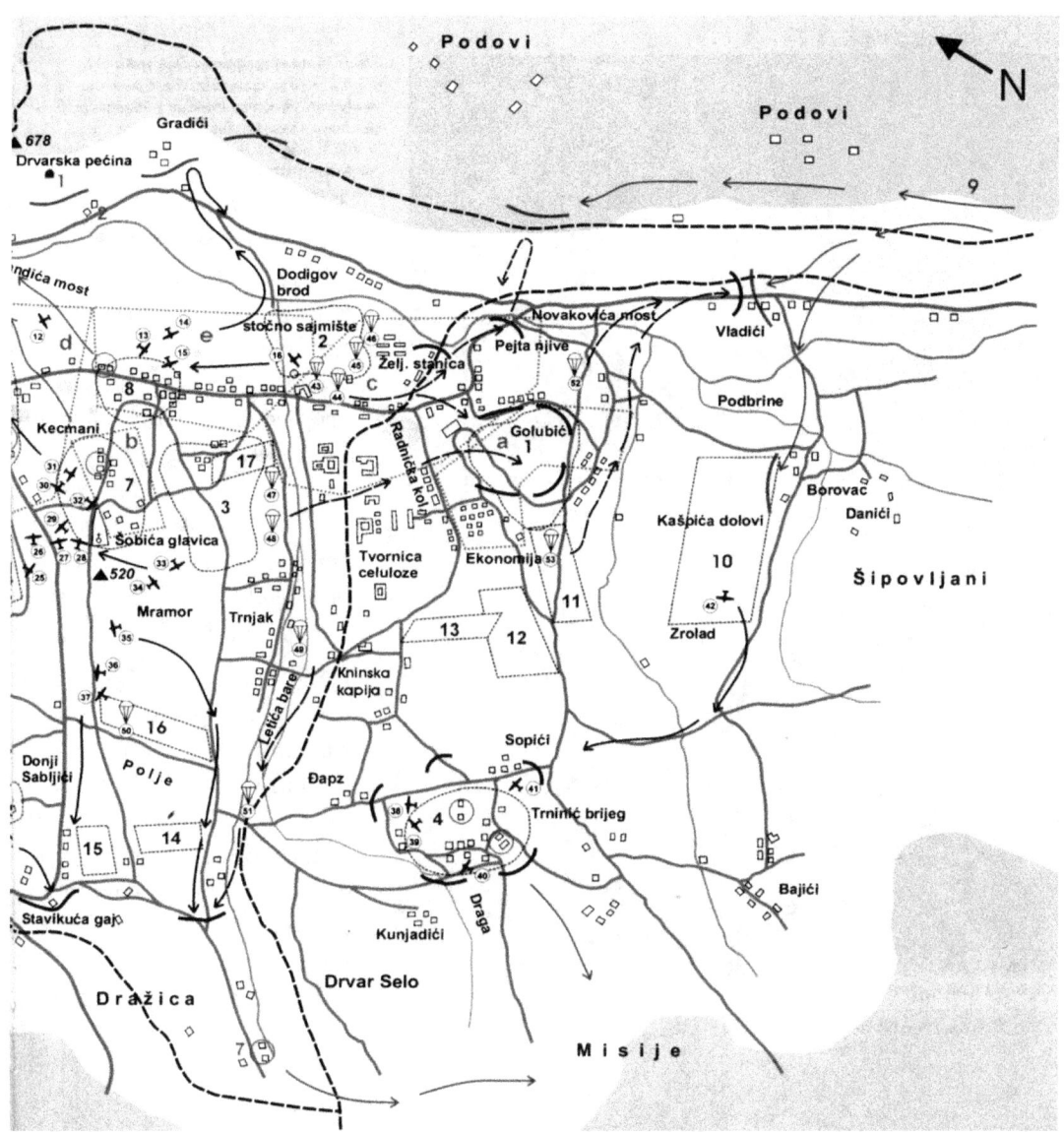

| Dislocazione forze partigiane | | Piano di bombardamento e reparti impegnati | |
|---|---|---|---|
| 1 | Caverna di Tito | a | 1./NSG 7 |
| 2 | Alto Comando | b | 2./NSG 7 |
| 3 | Comando di zona | c | II./SG 151 |
| 4 | Comando della città | d | 13./SG 151 |
| 5 | Missione militare sovietica | e | 3./NSG 7 |
| 6 | Radio della missione sovietica | ● | Punto caduta bombe piccole |
| 7 | Missione britannica e statunitense | | |
| 8 | Battaglione di protezione del Comando | ● | Punto caduta bombe grandi |
| 9 | Battaglione Scuola Ufficiali | | |

Aliante atterrato nei pressi delle 'mura' di Drvar. In primo piano, una mitragliatrice antiaerea dei partigiani.

Alcuni alianti finiti sotto il fuoco nemico ed abbandonati repentinamente dai paracadutisti SS.

Lancio di paracadutisti dagli aerei da trasporto *Ju-52* a Drvar. Nella foto è indicata con una freccia la grotta dove si trovava Tito al momento dell'attacco.

*Appena toccammo terra, espulsi il paracadute-freno e come colpito da una frusta, l'aliante scivolò in avanti per poi fermarsi a pochi metri di fronte al muro della cittadella di Drvar. Subito dopo si rovesciò su di noi un massiccio fuoco di fucili e mitragliatrici, scatenato dai partigiani comunisti. Il mio gruppo 'Panther' era atterrato nei pressi della cittadella, tranne un aliante, il cui pilota era stato colpito durante la fase di atterraggio. I paracadutisti SS si lanciarono subito all'attacco, investendo il quartier generale di Tito da tutti i lati".*

L'*SS-Hauptsturmführer* Rybka fu uno dei primi a scendere. Inizialmente non fu incontrata molta resistenza, per cui i paracadutisti poterono completare il loro dispiegamento e recuperare i contenitori con le armi pesanti. Gli ultimi alianti completarono le operazioni di atterraggio: i piloti dei velivoli avevano una grande esperienza ed erano stati addestrati adeguatamente. La maggior parte degli alianti atterrò quindi sulle zone prefissate, tranne uno: questo velivolo, con a bordo gli uomini del Gruppo *Greifer* era planato a circa dodici chilometri dall'obiettivo e un pilota di *Stukas* riferì di averlo visto 'picchiare' al suolo in posizione verticale. Di tutto l'equipaggio non si seppe più nulla. Gli altri alianti atterrarono bene ed in silenzio. Il momento dell'atterraggio è per un aliante il momento più critico, dal momento che il veicolo resta un facile bersaglio per il nemico. Bisogna subito abbandonare il mezzo e organizzarsi. Infatti i paracadutisti che si attardarono ad abbandonare i loro velivoli subito dopo l'atterraggio finirono sotto il fuoco nemico: le forze ribelli allertate dal rombo degli aerei, iniziarono a convergere verso le zone di atterraggio degli alianti e ovunque infuriarono violenti combattimenti.

Altre due foto di alianti e paracadutisti in discesa a Drvar, maggio 1944.

Paracadutisti SS in movimento lungo le mura di Drvar

Discesa paracadutisti a Drvar, visibili anche alianti a terra.

Il comandante Rybka stabilì il suo posto di comando nella carcassa di un aliante *DFS 230*, atterrato all'ingresso della città, e da qui iniziò a dirigere le operazioni contro le forze partigiane a difesa della città, attraverso delle staffette portaordini. Dalla sua posizione Rybka poteva vedere solo i gruppi nelle immediate vicinanze. I paracadutisti feriti venivano trasferiti in una grande casa nei pressi del comando-aliante, dove il personale medico fu impegnato a prestare loro, le prime cure. La cittadina era semideserta: la maggior parte della popolazione civile aveva abbandonato le case, rifugiandosi nei boschi circostanti, subito dopo i bombardamenti dell'alba. Nell'abitato non si avvertiva la presenza di formazioni nemiche, ma solo franchi tiratori che cercavano di colpire a tradimento i paracadutisti tedeschi. Fu necessario attraversare le strade della cittadina muovendosi cautamente e distruggendo i nidi di resistenza nemici all'arma bianca o con le granate a mano. Ogni sparo proveniente dalle case provocava un uragano di fuoco di risposta da parte dei paracadutisti ed in ogni rifugio sospetto furono lanciate delle granate per eliminare ogni pericolo.

Una pattuglia di paracadutisti SS nel corso dei combattimenti a Drvar.

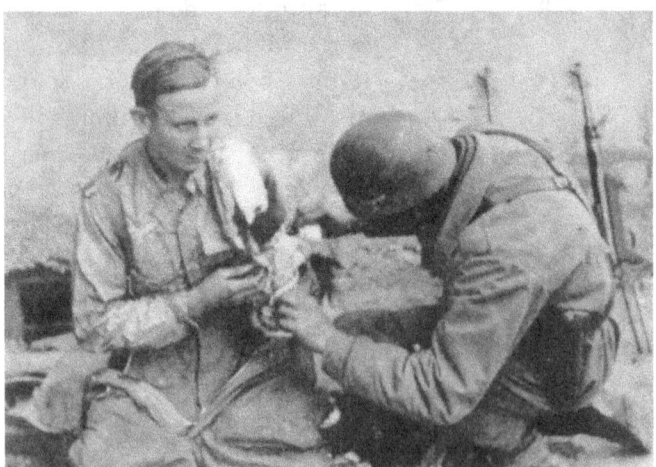
Prime cure ai numerosi feriti nel corso dei combattimenti.

**Dal diario di un paracadutista**: *"...Siamo tra le case di Drvar; la città è deserta. Camminiamo lentamente, perché ci stanno sparando addosso e non riusciamo a capire da dove provengono gli spari. Piazziamo la nostra mitragliatrice all'angolo della strada ed iniziamo a fare fuoco; a circa cinquanta metri notiamo un piccolo gruppo di partigiani che inveiscono contro di noi e ci sparano addosso. Tentano di attaccarci, ma vengono tutti falciati dal fuoco della nostra mitragliatrice. Un mio camerata è stato colpito da un cecchino in piena fronte. Bisogna sterminarli tutti questi ribelli, non solo il loro capo!"*.

Solo verso le 9:00, dopo intensi combattimenti la cittadina cadde completamente nelle mani dei tedeschi: gli scontri più cruenti si verificarono presso l'edificio della stazione radio, dove i ribelli si difesero accanitamente fino all'ultimo uomo. L'attacco fu condotto dagli uomini del Gruppo *Draufgänger*. Dopo aver eliminato tutti i difensori combattendo stanza per stanza, con una potente carica esplosiva l'edificio fu distrutto con tutti i suoi apparati di comunicazione. Mentre il grosso del Gruppo *Draufgänger* continuò nella distruzione dei restanti ponti radio a Drvar, un altro piccolo gruppo di dieci paracadutisti insieme al gruppo *Zavadil*, si occuparono di prendere il controllo dell'edificio della centrale telefonica: dall'esterno non fu notata nessuna presenza nemica, ma quando i paracadutisti entrarono all'interno furono coinvolti in violenti combattimenti corpo a corpo, dovendo alla fine ritirarsi. Il personale della stazione telefonica, armato pesantemente, era numeroso e ben determinato. Furono quindi chiamati dei rinforzi e solo dopo il lancio di numerose granate esplosive all'interno dell'edificio i paracadutisti SS ebbero la meglio: coperti dal fumo causato dallo scoppio delle stesse granate, i paracadutisti SS entrarono e freddarono gli ultimi partigiani ancora vivi.

Partigiani rimasti uccisi negli scontri a Drvar.

Qualche ribelle riuscì a salvarsi lanciandosi dalle finestre della stazione. Subito dopo, gli uomini dell'*Intelligence* si misero al lavoro per cercare documenti e codici segreti di trasmissione, dopodiché anche questo edificio venne distrutto con una carica esplosiva.

**Testimonianza di un paracadutista**: "*....Drvar è sotto il nostro controllo, adesso siamo in attesa di ricevere i nuovi ordini. La cosa che ci manca di più è l'acqua; fa caldo e da quando siamo atterrati non ne abbiamo avuto abbastanza*".

Dopo aver eliminato le forze partigiane a Drvar, restava da compiere l'operazione più importante della missione: la cattura del capo partigiano Tito. Il suo quartier generale era stato posto in una grotta sulle colline intorno a Drvar, in una posizione quasi inaccessibile e ben fortificata contro eventuali assalti dall'esterno. Mentre i paracadutisti di Rybka conquistavano l'abitato di Drvar, l'attacco contro la grotta portato dagli 'aliantisti' del Gruppo *Panther*, era in un fase di stallo. Quando i sei alianti del *Panther* erano atterrati nelle immediate vicinanze della grotta, erano finiti subito sotto il massiccio fuoco dei partigiani, scatenato in particolare dagli uomini del battaglione della scorta di Tito.

**Paracadutisti SS durante gli scontri per le strade dentro l'abitato di Drvar.**

Un aliante sceso in un campo nei pressi di Drvar.

Alcuni paracadutisti erano stati costretti a rifugiarsi negli stessi alianti, per ripararsi dal fuoco nemico. Molti di loro finirono uccisi ma anche i partigiani lamentavano notevoli perdite. I ribelli si erano ben trincerati e si difendevano con tutte le armi a loro disposizione: mitragliatrici, mortai e granate. Ai paracadutisti mancavano invece le armi pesanti. Dopo aver completato la conquista di Drvar, i paracadutisti di Rybka iniziarono a rastrellare le case e le fattorie lungo la strada di accesso alla città, dopodiché iniziarono a spostarsi verso la grotta per dare man forte ai loro camerati del Gruppo *Panther*. Ma non appena giunsero in prossimità della grotta, gli uomini di Rybka invece di attaccare, dovettero mettersi al riparo per evitare il fuoco delle mitragliatrici partigiane.

Squadra mitraglieri SS durante i combattimenti per le strade di Drvar. I paracadutisti SS dovettero battersi casa per casa, per vincere definitivamente la resistenza delle agguerrite formazioni partigiane, aiutate anche dalla popolazione locale.

Postazione difensiva dei partigiani nell'area di Drvar.

Riorganizzati i reparti, malgrado il fuoco intenso dei difensori, Rybka lanciò i suoi paracadutisti all'assalto: ben trincerati nei loro *bunker* creati nella roccia e tra i boschi sulle colline, i partigiani rovesciarono sugli attaccanti un così alto volume di fuoco da costringere i paracadutisti tedeschi a buttarsi per terra e rintanarsi negli anfratti naturali per evitare di finire uccisi.

**Dalle memorie di Radoljub Colakovic, luogotenente di Tito**: "*...al mattino ricevemmo le prime notizie ed i primi rapporti sui combattimenti a Drvar. Dopo un pesante bombardamento della città, i paracadutisti nemici con un attacco a sorpresa hanno preso possesso della parte sinistra della valle dell'Unac, pur* *lamentando notevoli perdite. Noi non avevamo alcuna grande unità militare a Drvar, ma solo la guardia di sicurezza del quartier generale: essa comprendeva varie unità ausiliarie alcune delle quali dislocate nella città. Inoltre c'erano gli allievi, circa 150, della scuola ufficiali.*

Pionieri del reparto paracadutisti SS trasportano un contenitore, con materiali ed armi.

Pezzo di artiglieria dei partigiani.

*L'armamento era scarso: pistole, granate a mano e qualche mitragliatrice. La difesa fu organizzata spontaneamente, senza nessuna organizzazione. Nelle prime ore dei combattimenti si segnalarono altissime perdite da ambo le parti. I nostri caduti erano per la maggior parte civili, dal momento che i tedeschi sparavano dalla fabbrica della carta su chiunque si muovesse sulle strade di Drvar. Il battaglione di sicurezza aveva preso posizione davanti alla*

## SS-Fallschirmjäger Bataillon 500

*grotta dove il comandante Tito, insieme a Kardelj e Ivan Milutinovic avevano trovato rifugio. Da questo punto, che dominava la valle dell'Unac, i nostri combattenti respinsero il nemico oltre l'omonimo fiume, riuscendo ad allontanarlo dalla grotta.*

Paracadutisti SS nella zona di Drvar, mentre si accingono ad unirsi al resto dei reparti.

Paracadutisti SS con alcuni prigionieri.

*Alcuni reparti nemici riuscirono ad attestarsi sul ponte e lungo la linea ferroviaria da dove tentarono con numerosi assalti di raggiungere la grotta: grazie alla strenua resistenza dei cadetti della scuola ufficiali giunti da Sipovljani, il nemico fu respinto. I paracadutisti tedeschi furono costretti ad abbandonare la valle e a rifugiarsi in città".*

## Il contrattacco delle forze partigiane

Dopo una breve pausa i paracadutisti dovettero fronteggiare un contrattacco sui loro fianchi portato dai cadetti della Scuola Ufficiali dell'Esercito Nazionale Jugoslavo, accorsi sul posto per dare man forte ai loro compagni. Provenivano da Sipovljani, un villaggio sul fiume Unac a poca distanza da Drvar. Come riferì un paracadutista, si lanciarono contro i tedeschi con veemenza scatenando durissimi e sanguinosi combattimenti con gravi perdite da entrambe le parti. Erano circa le 9:30: il sole era alto e faceva caldo.

Postazione radio dei paracadutisti SS a Drvar. Un colpo di mortaio nemico mise fuori uso la maggior parte delle apparecchiature, creando non pochi problemi.

Rybka chiese via radio il supporto aereo, ma i piloti dei bombardieri in picchiata *Stukas* non potevano intervenire dal momento che le posizioni tedesche e ribelli erano troppo vicine. Nel frattempo stavano giungendo nuove formazioni partigiane.

Paracadutisti SS, appostati nelle vicinanze della chiesa ortodossa di Drvar.

Partigiani all'attacco delle posizioni tedesche.

Un'intera Brigata (la 3ª Brigata della *Lika*) della 6ª divisione proletaria *Nikola Tesla*, si spostò dalle colline orientali e si ritrovò di fronte ai paracadutisti nella parte occidentale della città. I ribelli guidati da Djoka Jovanic, il comandante della stessa 6ª divisione, si lanciarono contro le posizioni tedesche con grande sprezzo del pericolo. L'assalto fu respinto dai paracadutisti a costo di notevoli perdite, ma era necessario continuare a resistere nell'attesa che giungesse di rinforzo la seconda ondata di paracadutisti, attesa per mezzogiorno. Nel frattempo, Rybka pensò bene di far accorrere presso la grotta tutti gli uomini degli altri gruppi facendo esplodere un razzo rosso, il segnale che confermava la mancata conquista dell'obiettivo.

Un pezzo anticarro da 75mm, *LG 40*, senza rinculo in posizione tra le colline di Drvar

I rinforzi comprendevano i gruppi sbarcati con gli alianti incaricati della distruzione delle missioni militari straniere. Apparentemente, le missioni erano sparite con l'intera popolazione di Drvar sulle colline. Ma verifiche successive accertarono che le missioni inglese ed americana, avevano abbandonato l'area almeno due giorni prima. Grazie all'arrivo degli altri gruppi di paracadutisti, furono lanciati nuovi assalti contro le

## SS-Fallschirmjäger Bataillon 500

posizioni partigiane, ma i tedeschi si accorsero ben presto che i ribelli si erano preparati per una difesa ad oltranza. Tutta l'area intorno alla grotta era stata fortificata: posti di osservazione per i cecchini, nidi di mitragliatrici, trinceramenti tutto era stato preparato per resistere ad un attacco dall'esterno. Inoltre i paracadutisti non disponevano di un numero adeguato di armi e munizioni e cosa molto più grave non potevano essere riforniti. Furono quindi sospesi gli attacchi frontali che avevano prodotto solo perdite in uomini e munizioni, e fu deciso di mandare avanti piccoli gruppi di uomini, uno alla volta, appoggiandoli con un possente fuoco di copertura, grazie ad alcuni pezzi da 75mm senza rinculo. Una volta che un gruppo aveva raggiunto il proprio obiettivo, copriva con il suo fuoco l'avanzata del gruppo successivo. Con grande disciplina e coraggio i paracadutisti riuscirono a travolgere così, una dopo l'altra, le posizioni difensive nemiche.

L'arrivo della seconda ondata dei paracadutisti, attesa per le 12:00.

Mitragliatrice partigiana in posizione.

**Testimonianza di un paracadutista**: "...*Siamo raggruppati intorno ad una grossa roccia tra le colline di Drvar. Fa veramente molto caldo e facciamo la conta delle munizioni. Non ce ne sono abbastanza per tutti e quindi siamo costretti a prenderci quelle dei feriti, lasciandoli praticamente senza difesa in caso di un nuovo attacco del nemico. Non mi piace tutto questo...*".

## L'ultimo attacco

La situazione per gli uomini di Rybka iniziò a farsi disperata: solo l'arrivo dei rinforzi poteva risollevare le sorti della battaglia e così i paracadutisti SS iniziarono a scrutare nervosamente il cielo attendendo l'arrivo della seconda ondata dei loro camerati. Verso le 11:50, finalmente si calarono nel cielo di Drvar gli altri duecento paracadutisti, agli ordini dell'*SS-Hstuf*. Obermeier. Durante la loro discesa però furono bersagliati dal fuoco dei partigiani della 1ª Brigata Proletaria, che ormai circondava tutta l'area.

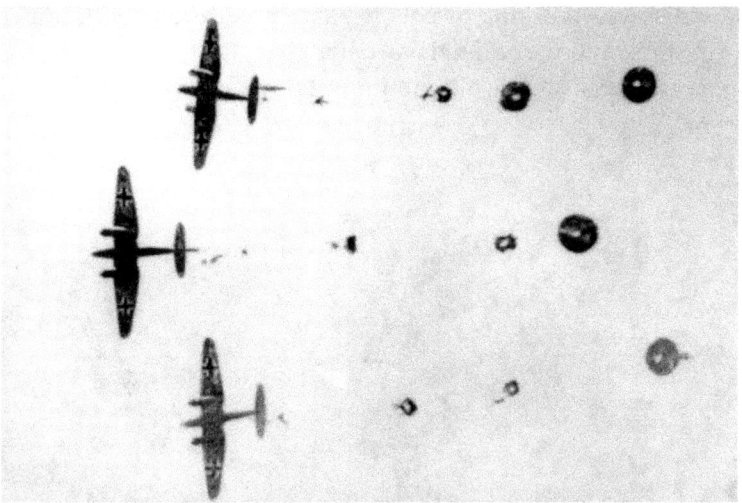

**Discesa della seconda ondata dei paracadutisti a Drvar.**

Dall'alto, gli *Stukas* tentarono vanamente di colpire le posizioni nemiche ma senza successo: abilmente mimetizzati tra le rocce e tra le vegetazione i partigiani potevano agire indisturbati, coperti anche dal fumo delle detonazioni delle stesse bombe tedesche.

L'*SS-Ostuf*. Mertely, *Bataillonsadjutant*, con un portaordini a Drvar.

Malgrado le perdite subite, grazie ai nuovi rinforzi, Rybka poté lanciare nuovi assalti in direzione della grotta, facendo lievi progressi. Per ogni metro conquistato fu necessario combattere strenuamente, ma ormai si era giunti alla resa dei conti e si tentò il tutto per tutto: Rybka guidò personalmente l'ennesimo assalto verso la grotta. I paracadutisti SS balzarono dai loro rifugi come diavoli, correndo a zig zag per evitare il fuoco nemico. Una volta a ridosso delle posizioni nemiche, si scagliarono contro i difensori, innescando furiosi scontri corpo a corpo: tra i partigiani c'erano molte giovani donne che si battevano con inaudito accanimento seguendo l'esempio dei loro compagni. Alla fine Rybka, pur gravemente ferito al braccio da una scheggia di granata, con un ultimo disperato sforzo, insieme ai suoi paracadutisti riuscì ad entrare nella grotta-rifugio: di Tito però nessuna

## SS-Fallschirmjäger Bataillon 500

traccia. Fu ritrovata solo qualche mappa, diversi documenti ed una nuova uniforme confezionata per il capo partigiano. Dov'era finito Tito? Grazie al lavoro di ricostruzione effettuato dallo storico e giornalista Luca Poggiali[1], che visitò personalmente l'area di Drvar nel 1995, è stato possibile capire come Tito riuscì a sfuggire all'attacco dei tedeschi. La grotta-rifugio disponeva di una piccola terrazza anteriore e per giungervi si saliva per uno stretto e ripido sentiero che iniziava dalla riva del fiume Unac. L'entrata non era visibile dalla pianura che si stende oltre il fiume e dove atterrarono diversi alianti.

Paracadutisti SS con la divisa di Tito ritrovata nella sua grotta-rifugio a Drvar.

Una 'partigiana' comunista catturata dai tedeschi a Drvar.

Paracadutisti SS con una jeep catturata, maggio 1944.

Il problema principale è che i tedeschi non conoscevano l'esatta posizione del rifugio di Tito, malgrado avessero inviato sul posto degli agenti speciali e lo stesso Skorzeny, come scritto in precedenza. Se i tedeschi avessero conosciuto dove realmente Tito fosse rintanato, avrebbero sicuramente concentrato subito i loro attacchi contro la zona e per il capo partigiano sarebbe stato molto difficile trovare scampo.

Invece, i paracadutisti attaccarono per prima l'abitato di Drvar. E così Tito, dopo aver gettato una corda dal terrazzino davanti alla grotta, approfittando che quello spazio non era visibile dalle postazioni tedesche, insieme ai suoi più stretti collaboratori vi si calò, raggiungendo una zona alberata sulla riva destra del fiume Unac.

Paracadutisti SS impegnati ad osservare i movimenti del nemico.

Una taglia per Tito.

Trasporto feriti con mezzi di fortuna (*Erich Moresco*).

Paracadutisti SS trincerati alla periferia di Drvar.

Sempre restando al riparo degli alberi ed approfittando che i tedeschi erano impegnati in combattimento, si spostarono verso la frazione di Gradici. Da qui, risalirono la collina e proseguirono la fuga sfruttando un piccolo convoglio ferroviario a scartamento ridotto, usato per trasportare legname alla fabbrica di carta di Drvar. Per diversi giorni, il gruppo partigiano continuò a spostarsi verso sud-est, giungendo nell'area dell'altopiano di Kupres, circa ottanta chilometri a sud-est di Drvar. In quell'area c'era una pista in fondo naturale, già utilizzata dai velivoli croati, dove giunse grazie ai sovietici, un aereo C-47, che trasportò il capo partigiano prima a Brindisi in Italia e poi sull'isola di Lissa (*Vis*, in croato).

## L'ultima battaglia nel cimitero di Drvar

Paracadutisti SS tra le tombe del cimitero di Drvar.

Persa la speranza di catturare Tito, i paracadutisti SS si ritrovarono a doversi difendere a loro volta dall'assalto dei partigiani, sempre più numerosi ed agguerriti. Alle ore 15:00, alla stazione radio del quartier generale tedesco a Zagabria arrivò il seguente messaggio: "...*Completamente allo scoperto sotto violento fuoco nemico. Impossibile soccorrere i feriti. Il nemico sta ammassando forze sempre più numerose*". Considerando che fosse ormai inutile continuare a restare nei pressi della grotta, Rybka dopo aver trasferito il comando di ciò che restava del suo battaglione all'*Hauptmann* Bentrup, ufficiale del *Brandenburgo*, ordinò il ripiegamento verso Drvar alle 16:00, dove sarebbe stato più facile difendersi dagli attacchi nemici. La manovra di sganciamento non avvenne però senza difficoltà: oltre a doversi difendere dal fuoco dei partigiani, i paracadutisti dovevano pensare ai loro numerosi feriti, il cui trasporto ostacolò notevolmente la marcia.

Paracadutisti SS trincerati nella zona del cimitero di Drvar, al tramonto del 25 maggio 1944.

## SS-Fallschirmjäger Bataillon 500

Paracadutisti SS in un momento di pausa nei combattimenti.

Arrivo dei rifornimenti paracadutati dal cielo.

Paracadutisti SS in attesa dei rinforzi.

Solo alle 22:00, la maggior parte di essi raggiunse i sobborghi di Drvar. Un piccolo gruppo di paracadutisti, non riuscì a sganciarsi, restando indietro a coprire il ripiegamento degli altri camerati. Rimasti isolati, i paracadutisti si trincerarono in una fattoria a circa cinquecento metri da Drvar e continuarono a difendersi dagli attacchi dei partigiani fino a mezzanotte, quando anche l'ultimo paracadutista SS restò ucciso. Con il calare delle tenebre, tutti i differenti gruppi di paracadutisti si raggrupparono a Drvar. L'*Hauptmann* Bentrup doveva trovare in fretta una posizione da poter difendere almeno fino all'arrivo delle unità terrestri del *XV.Geb.Korps*. In tutta la città c'erano solo due posizioni ritenute difendibili: una era la vecchia fabbrica di cellulosa, ma era troppo grande per poter essere difesa con gli uomini a disposizione. L'alternativa era rappresentata dal piccolo cimitero locale: circondato da un muro abbastanza alto, il cimitero poteva offrire riparo agli uomini come una sorta di fortino. I partigiani comunisti, malgrado avessero ricevuto l'ordine dallo stesso Tito di disperdersi sulle montagne circostanti, prima che giungessero gli altri reparti tedeschi per via terra, decisero di attaccare le posizioni dei paracadutisti SS per tentare di annientarli completamente.

## SS-Fallschirmjäger Bataillon 500

Paracadutisti SS si spostano in un crepaccio, per evitare il fuoco nemico.

Paracadutista SS con alcuni partigiani catturati a Drvar, maggio 1944.

**Testimonianza di un paracadutista:** *"...Sono trincerato sotto una croce nel cimitero. Il comando del mio plotone si è installato in una cripta dalla quale abbiamo tirato fuori le bare e i feretri. Non so cosa mi succederà nelle prossime ore, ho paura per la mia vita. Le nostre posizioni comprendono un perimetro esterno ed uno interno. Dopo ogni assalto nemico, gli uomini del perimetro interno danno il cambio a quello esterno. Sono circa le 1:30 della notte. Fa molto freddo. C'è poca acqua; c'è solo una pompa vicino alla cappella più grande del cimitero. A intervalli brevi spariamo per controllare se i banditi si stiano preparando ad un nuovo assalto. I partigiani dopo vari attacchi sono riusciti ad entrare nel cimitero e a stabilire una posizione avanzata; il nostro plotone ha dovuto faticare parecchio per eliminarla. E' una notte spaventosa".*

I paracadutisti SS speravano di dover resistere ancora per poco: il piano dell'operazione prevedeva infatti il loro rilevamento da parte dei reparti della 373ª divisione croata. Fino al tramonto non ci furono grosse novità: i paracadutisti dovettero difendersi dagli attacchi dei partigiani comunisti, che malgrado le pesanti perdite subite, continuavano la loro insistente azione offensiva. Verso sera, approfittando del sopraggiungere delle tenebre, su richiesta dell'*Hauptmann* Bentrup, un aereo *Fieseler Storch*, venne fatto atterrare nei pressi del cimitero per evacuare i feriti più gravi, tra i quali lo stesso comandante Rybka: l'*SS-Hauptsturmführer* restò in convalescenza presso l'ospedale militare di Praga per lunghe settimane. Tra le tombe e i lucernari, nessuno dei paracadutisti però immaginava che i partigiani avessero ormai circondato tutta l'area intorno a Drvar e le loro ripetute imboscate stavano bloccando le colonne motorizzate tedesche che avrebbero dovuto salvarli. Arrendersi ai partigiani sarebbe stata comunque morte certa, poiché tutti conoscevano la fine che facevano i prigionieri di guerra nelle mani dei titini, soprattutto quando si trattava di combattenti SS. Coinvolgendo gli stessi abitanti di Drvar, i partigiani rinnovarono i loro assalti contro il cimitero: il fuoco dei loro mortai colpiva inesorabilmente le posizioni tedesche. Molti paracadutisti trovarono rifugio nelle fosse dei morti trasformate per l'occasione in trincee. L'*Hauptmann* Bentrup, vista la forte pressione nemica, iniziò a pensare ad un nuovo ripiegamento in un'area più difendibile, ma alla fine preferì restare sul posto, continuando a dare coraggio ai suoi uomini nel respingere gli attacchi nemici: tutti, compresi i feriti ancora in grado di reggere un'arma, ripresero a battersi come leoni per la loro vita. Nelle prime ore del mattino, un aereo tedesco paracadutò munizioni e medicinali sulle posizioni dei paracadutisti.

**Paracadutisti SS fotografati alla fine dei combattimenti a Drvar, ancora sulle loro posizioni.**

Qualche ora dopo, quando ogni speranza sembrava ormai svanita, improvvisamente i partigiani iniziarono a ritirarsi: presi alle spalle dagli uomini del Battaglione esploratori della *373.Infanterie-Division (kroatische)*, i ribelli dovettero dileguarsi per evitare la cattura.

**Si recuperano le forze in attesa delle forze di rilievo e di nuovi ordini.**

I combattimenti sono terminati. Gli esausti paracadutisti SS ancora sulle loro posizioni nel cimitero, difese per tutta la notte con grande sacrificio, contro i continui e feroci assalti delle forze partigiane.

L'*SS-Hstuf*. Milius, sulla sinistra, durante una riunione di 'guerra' con i suoi uomini.

Poco dopo giunsero anche reparti SS della '*Prinz Eugen*'. L'arrivo di tutte le altre forze tedesche terminò nel pomeriggio, dopo che tutta l'area intorno a Drvar fu circondata e rastrellata minuziosamente, alla ricerca degli ultimi gruppi di ribelli.

## Bilancio dell'operazione

Alla fine dei combattimenti, del battaglione paracadutisti restavano circa duecento superstiti ancora in grado di combattere, su una forza iniziale di circa mille uomini prima dell'operazione. Dopo essere stati riorganizzati alla meglio e con il ritorno dei feriti leggeri, i paracadutisti SS furono trasferiti a Petrovac per una successiva operazione anti-partigiana. La cattura di Tito era fallita e ai tedeschi non restava altro che tentare di eliminare dall'area il maggior numero di forze partigiane, approfittando della fuga del loro capo militare. Le perdite complessive tedesche riportate nel diario di guerra del *XV.Geb.Korps*, furono di 213 caduti in combattimento, 881 feriti e 59 dispersi. Le perdite ribelli ammontavano a circa seimila uomini, oltre alla perdita di grossi quantitativi di armi e materiali. All'inizio di giugno, gli elementi dell'*SS-Fj.Btl 500* furono trasferiti a Lubiana per essere ulteriormente riorganizzati e per un breve periodo di riposo. Il 26 giugno 1944, l'*SS-Hstuf*. Siegfried Milius[2] assunse il comando del Battaglione paracadutisti, che grazie all'arrivo di nuovi volontari e del ritorno dei feriti dagli ospedali, ritornò a pieno organico. La percentuale di ex-detenuti presenti nel Battaglione scese drasticamente e nel corso dello stesso anno, la sua denominazione cambiò in *SS-Fallschirmjäger-Bataillon 600*[3].

**Un paracadutista SS trova una bandiera sovietica nella stanza di un commissario bolscevico.**

**Bandiere delle missioni straniere recuperate a Drvar.**

### Note

[1] Ricostruzione già pubblicata anche nel libro di M.Afiero, "*SS-Fallschirmjäger*", pagina 35.

[2] Siegfried Milius, nato il 10 giugno 1916 a Waren/Müritz, SS-Nr. 291 568. Inizialmente prestò servizio nella Polizia e tra il 1933 ed il 1935 nell'Esercito Tedesco. Nell'ottobre del 1935 si arruolò nella *SS-Standarte Germania*. Nel 1938 dopo aver frequentato la *SS-Junkerschule* di Braunschweig fu promosso al grado di *Ustuf.* e nel 1939, *Ostuf.* prestando servizio nell'*SS-Hauptamt* ed in alcune unità di rincalzo SS. Nell'aprile del 1942 fu trasferito alla *SS-Totenkopf-Division*, dove con il grado di *SS-Hstuf.* assunse il comando della *8./SS-Pz.Gr.Rgt.6* (1943). Dopo essere rimasto ferito in combattimento, fu trasferito al Battaglione rincalzi della stessa *Totenkopf* e dopo aver frequentato alcuni corsi per truppe corazzate, passò nel giugno del 1944 al comando del Battaglione paracadutisti SS.

[3] Dal 1° ottobre 1944, secondo alcune fonti.

# Nel nido delle vespe (*Der Griff ins Wespennest*)

**Corrispondenza** del *Kriegsberichter Leutnant* Viktor Schuller, *Lw.-Kriegsberichterzug 19*

**Rapporto della** *Wehrmacht*: in Croazia, truppe dell'Esercito e della *Waffen SS*, appoggiate da reparti della *Luftwaffe*, hanno attaccato il centro delle bande partigiane di Tito e dopo combattimenti durati alcuni giorni, il nemico è stato sconfitto.

Un aliante *DFS 230* in volo, in volo verso Drvar.

Vista aerea di Drvar. Sulla destra, alcuni impianti industriali.

**Ore 7:05** - I cavi sono stati staccati. Questi svolazzano come stelle filanti di carta in coda agli aerei in partenza, come se volessero salutare. In bocca al lupo a noi, ora non si può più tornare indietro. E gli alianti sembrano sospesi in aria, o almeno così sembrerebbe. Senza far rumore, come se qualcuno stesse saltando da una grande altezza in uno sconosciuto, spazio minaccioso. Sospesi prima di un salto, che deve essere fatto, qualunque sia il risultato, poiché è impossibile restare lì. E l'esplicito comando è stato dato: truppe aviotrasportate! Quindi, si deve toccare terra laggiù. Inizialmente si ha come una sensazione di abbandono, come se uno fosse stato lasciato da solo in aria. Naturalmente questo è sbagliato, perché a destra e a sinistra, sopra e sotto, ci sono gli altri uccelli tranquilli, con solo il vento ululante tra le ali, mentre tutti gli altri, quelli che sono dotati di un motore nella parte anteriore, si gettano urlando verso il basso, diretti sul nido dei ribelli: sotto di essi si scatenerà l'inferno questa mattina. Quindi, andiamo verso il basso. A loro volta i piloti avvisano: stiamo precipitando verso il basso. A me è sembrato più simile ad una caduta, un viaggio veloce in un ascensore senza freni, perdendo rapidamente quota. Ora la terribile forza del vento, ulula attraverso tutte le aperture del velivolo.

**Alianti atterrati con successo e senza problemi nella valle di Drvar.**

Le montagne sembrano avvicinarsi, prendendo forma, si possono distinguere rocce, gole e abeti, la valle prende forma, il villaggio in fiamme, i prati pianeggianti, ora sono improvvisamente diventati colline ed avvistiamo della gente così come un grande muro bianco...quindi viene avvistato un campo, che sembra anche una grande pista di atterraggio. Poi tocchiamo terra, tutta la macchina si scuote così tanto, che urtiamo gli uni contro gli altri. Qualcuno allora grida: '...*fuori*'!

**Un paracadutista SS ha appena toccato terra nei dintorni di Drvar.**

## SS-Fallschirmjäger Bataillon 500

**Ore 7:07** - L'erba è fresca ed è bagnata dalla rugiada. E' bello ritrovarsi sulla vecchia terra. Si odono alcuni spari. Poi si sente anche il fuoco di una mitragliatrice pesante. Quanti minuti sono passati da quando sono stati staccati i cavi di traino? Due, forse tre.

Arrivo dei paracadutisti a Drvar. In primo piano, un contenitore porta materiali.

Ora siamo al centro del nostro obiettivo: nel nido dei banditi. Qui, dove si sentivano al sicuro, dove la maggior parte di loro si nascondono, qui dove Tito ha stabilito il suo quartier generale. Fino ad ora tutto è andato secondo i piani, al metro ed al minuto. Il pilota del velivolo, un giovane sottufficiale, è chiaramente soddisfatto dell'atterraggio. Ora si sta rifornendo di granate a mano, per battersi come un soldato di fanteria. Altri alianti stanno ancora giungendo a terra. Uno di essi distrugge la metà di un albero da frutto, un altro scivola in cima alla collina, fermandosi sulla sua punta, frantumandosi.

Paracadutisti SS, impegnati a recuperare armi e munizioni, da un contenitore speciale, lanciato anch'esso con il paracadute.

## SS-Fallschirmjäger Bataillon 500

'Soldatesse' comuniste, al seguito delle bande titine.

Armi leggere e pesanti dei partigiani comunisti recuperate dai paracadutisti SS a Drvar.

Gli uomini della *Waffen SS* saltano fuori, portandosi le loro armi dietro, mettendosi al riparo tutti insieme. Uno di essi si strofina il ginocchio. E' difficile far parte delle truppe aviotrasportate. Diverse immagini si susseguono nella propria mente in pochi minuti. L'atterraggio degli alianti, la necessità di prepararsi subito ad ingaggiare battaglia e mettersi al riparo. Sembrano irreali nelle loro giacche da combattimento, con le reti mimetiche sui loro caschi. Dopo aver recuperato le armi, ognuno si rimbocca le maniche. Eccoci qua!

**Ore 8:15** - La prima sigaretta. All'uscita meridionale del villaggio, alcune case e parte di una fabbrica abbandonata, stanno bruciando. Ora, dopo un breve combattimento casa per casa, con i ribelli che sparavano dalle cantine, dalle case e dal campanile della chiesa, la prima parte della missione è stata portata a termine. Il villaggio, la tana nascosta di Tito, è occupato. Tutti coloro che erano ancora vivi, e non erano fuggiti nel vicino bosco, quando sono cadute le prime bombe, sono raggruppati, dopo che sono usciti allo scoperto dai nascondigli più insoliti. Emersero strane figure. Qualcuno tentò di fuggire. Soprattutto le donne, un fatto totalmente irrazionale. Una di esse si rifugiò in un giardino. Urlava, continuando a tenere in mano un fucile italiano e a sventolare una veste rossa come una bandiera. Niente sembrava potesse fermarla...Siamo seduti sui gradini davanti a una casa, vicino ad un soldato, ferito al braccio da un colpo di fucile. Improvvisamente uno dei ragazzi si muove, come se qualcosa lo avesse morso, mettendo la sua pistola mitragliatrice in posizione di fuoco. '...*Non sparate, non sparate! Sono tedesco, sono un dottore*'. La voce proveniva da sotto di noi e tra le nostre gambe una mano bianca sbucò dalla finestra di una cantina. Era un dottore dei ribelli. Dopo essersi aggiustato i suoi occhiali sul viso, iniziò a medicare il nostro ferito: '...*non sono un bandito. Ho studiato tedesco. Sono stato preso in ostaggio, vi prego credetemi!*'. Gli crediamo, almeno per ora, mentre continuava a prestare soccorso al nostro camerata.

Paracadutisti SS con alcuni partigiani catturati durante gli scontri dentro l'abitato di Drvar.

**Ore 9:30** - In ogni parte del villaggio si odono, spari, esplosioni e rumori vari. Una cortina di fumo nero avvolge la valle. Un deposito di munizioni dopo l'altro viene dato alle fiamme, così come i magazzini di materiali. Tutto, tranne quello che poteva essere trasportato via, doveva essere distrutto. Quante notti e quanti voli di rifornimento furono necessari ai ribelli per potare qui tutto questo materiale? Gli uomini delle SS portano via carte e documenti, raccolti con cura. Era interessante studiare i documenti originali di Tito. Tra il materiale recuperato, anche una uniforme, appena confezionata, del capo partigiano comunista.

Il cosiddetto 'incrocio occidentale' alla periferia ovest di Drvar, con una bella vista di tutta l'area.

**Ore 10:00** - Quindi questa è la sede di un capo della guerriglia bolscevica. Qui sono nati tutti i subdoli attacchi, i numerosi saccheggi e gli omicidi, che hanno portato il terrore in tutto il paese, e da qui, attraverso l'altra sponda dell'Adriatico, si estende la rete degli amici alleati, mecenati e sostenitori. Da qui i percorsi segreti conducono alle vaste foreste imperscrutabili e sulle montagne delle regioni dei Balcani occidentali. Il villaggio miserabile si annida in profondità tra le alte montagne nere che lo circondano, quasi come se queste volessero nasconderlo. Anche il fondo della valle è collinoso, e si possono vedere gli alianti abbandonati, un po' danneggiati ed i paracadute del Battaglione paracadutisti SS sdraiati sui prati, entrambi erano stati lanciati nello stesso tempo. Sulla collina più alta della valle si trova un cimitero. Esso è circondato da una specie di fossato da fortificazione. Da quella posizione è possibile vedere l'intero campo di battaglia.

Corrispondenti di guerra inglesi catturati a Drvar dai paracadutisti SS.

Un gruppo di partigiani spara contro i tedeschi.

Il villaggio, i campi e la valle, sembravano più un bacino, poiché erano circondati da colline boscose. Sarebbe bello sapere quante migliaia di paia di occhi, quante armi pronte a sparare in qualsiasi momento, ci sono sotto gli alberi ed i cespugli, poiché solo occasionalmente si possono vedere delle figure in movimento sui crinali disboscati. Qui, in un fossato, ai margini del cimitero, è stato insediato il comando dell'unità, dove sono stati raggruppati anche i prigionieri. Tra di essi, tre indossavano delle impeccabili uniformi. Sulla loro spalla si poteva leggere *'British war correspondent'* (corrispondenti di guerra inglesi, *ndt*). Oh, dei corrispondenti di guerra? Sì, erano qui da una decina di giorni, per intervistare, fotografare e filmare il capo partigiano. L'uomo non era ancora molto popolare in Inghilterra, così come ci riferirono loro stessi.

Postazione difensiva dei paracadutisti SS. In primo piano, un prigioniero partigiano.

Partigiano titino con una mitragliatrice leggera

**Ore 12:00** – Aerei tedeschi sorvolano ancora la valle. Questo ci concede un po' di riposo. Gettano le loro bombe tra le rocce e mitragliano tutta la zona con le loro armi. Subito dopo, la seconda ondata dei paracadutisti è lanciata. Grazie ai nuovi rinforzi, abbiamo rastrellato le foreste. Queste foreste erano indescrivibili. Un poster 'malizioso', visto sul muro di una casa, le descriveva molto bene: un soldato tedesco è letteralmente consumato dalla foresta. Sui tronchi d'albero, si vedono smorfie sataniche, mentre rami e rametti come artigli grondanti di sangue, strangolano il collo del soldato, le radici si stringono intorno alle sue gambe come una canna da pesca e funghi velenosi sbucano dalla terra umida. La scritta dello stesso era molto eloquente: '...*Nessun soldato nazista deve lasciare vivo le nostre foreste*'.

**Ore 15:00** – Un messaggio radio inviato ai nostri comandi: '...*siamo totalmente circondati. Il nemico sta ammassando ingenti forze*'. Sempre più proiettili stanno piovendo giù dalle pendici della montagna verso la valle. Ogni singolo soldato è sotto il fuoco dei cecchini, che si nascondono fra i cespugli e gli alberi. E' una sensazione terribile.

Il Dottor e *SS-Ostuf*. Erwin von Helmersen, originario di Brema, ufficiale medico dell'*SS-Fallsch.Btl.500*, impegnato a medicare come meglio poteva i numerosi feriti sulle posizioni difensive alla periferia di Drvar.

**Ore 19:00** - Ora hanno posizionato dei mortai lassù e stanno prendendo di mira il cimitero. Da tutti i lati, nuovi gruppi di banditi si infiltrano nelle foreste, dove non si possono vedere, ma si può valutare l'incremento continuo della loro potenza di fuoco.

Le posizioni difensive nel cimitero di Drvar. I paracadutisti SS si erano trincerati nel fossato intorno alla posizione.

## SS-Fallschirmjäger Bataillon 500

Siamo sotto il fuoco incessante del nemico ed i proiettili, rimbalzano sopra le nostre teste, deviati dalle lapidi. Possiamo muoverci solo strisciando con il ventre per terra. I prigionieri inglesi, per conto loro, si sono accovacciati in un fosso, in un angolo del cimitero, per proteggersi dal pericoloso fuoco nemico.

**Arrivo delle truppe di rilievo, alcuni camion ed un autoblindo giungono a Drvar.**

**Ore 21:00** - Si sta facendo buio. Presto verranno. E lo fanno subito dopo. Pieni di rabbia e disperazione, perché stanno per essere cacciati dai loro nascondigli ritenuti fino ad allora accoglienti. Il bottino, che è nelle nostre mani, è troppo prezioso per essere abbandonato facilmente. Ognuno di noi si è scavata una buca, più profonda possibile.

**Operatori radio della *Wehrmacht*, appena arrivati, ristabiliscono subito le comunicazioni con i comandi superiori.**

Il terreno è caldo e morbido ed il nostro unico conforto sono le nostre armi e la nostre munizioni. Il fuoco dei mortai è dannatamente fastidioso.

**Ore 5:30** – E' l'alba, il giorno si avvicina, il primo aereo è in arrivo. Si vorrebbero dimenticare le ore disperate, gli interminabili minuti, durante i quali la forza superiore del nemico minacciava di schiacciarci. Il buio, che nasconde le erbe alte ed i campi di grano, come pure gli alberi e gli arbusti, e gli attacchi spietati del nemico, hanno trasformato la notte precedente in un inferno. Il martellamento costante dei mortai e le pallottole della fanteria sono stati terrificanti. Ora il sole risplende sopra la montagna. La valle è ritornata tranquilla e serena. La foresta ha inghiottito nuovamente tutto e tutti.

**Ore 7:00** – Udiamo rumore di battaglia provenire dalla strada nei pressi del valico della montagna. Il fuoco dei cannoni riecheggia molto forte. Sono i nostri, forse sono le forze di rilievo!

**Ore 12:00** – I primi autoblindo tedeschi attraversano il villaggio. Sono finalmente arrivati. Avevamo conquistato il cuore delle bande ribelli. Ora siamo pronti per andare insieme nella loro foresta.

**Il rapporto della *Wehrmacht* riportò inoltre**: il nemico ha perso, secondo l'ultimo rapporto, 6.240 uomini. Inoltre sono stati catturati ingenti quantitativi di armi e materiali.

**I combattimenti a Drvar sono finalmente terminati. Un *Fieseler Storch* si occupa di trasferire subito i feriti più gravi presso gli ospedali. Tra i feriti c'era lo stesso comandante del Battaglione paracadutisti SS, l'*SS-Hstuf*. Rybka. Oltre le mura del cimitero, si intravedono ancora gli alianti atterrati il giorno precedente.**

## SS-Fallschirmjäger Bataillon 500

Una bella foto scattata alla fine dei combattimenti, con gli esausti paracadutisti SS che si concedono un po' di riposo.

## SS-Fallschirmjäger Bataillon 500

In primo piano le tombe per i caduti tedeschi e dietro il cimitero di Drvar.

Gruppo di paracadutisti SS, impegnati in una operazione in prima linea

# Uniformi dei paracadutisti SS

Paracadutisti SS impegnati sul fronte di Memel, in Lituania, luglio 1944. Si notano molto bene gli spallacci da fanteria e gli scarponi da montagna.

Paracadutisti SS sul fronte orientale, con *Panzerfaust*.

Il corpo dei paracadutisti SS fu una specialità le cui uniformi furono profondamente influenzate da due fattori: l'appartenenza alle SS, ed il materiale speciale del ruolo di esclusiva competenza della *Luftwaffe*. Nell'aspetto di un paracadutista SS dunque troviamo elementi appartenenti ad entrambe le armi, non senza ulteriori particolarità. Innanzitutto, l'uniforme di servizio in panno vedeva abbinati i pantaloni da paracadutista con la giubba di servizio SS; su questa erano presenti le mostreggiature dell'unità da cui proveniva il soldato, e mai vennero ufficialmente create insegne specifiche per questo reparto. I copricapo di servizio erano anch'essi i consueti modelli in uso nelle SS. L'equipaggiamento speciale consisteva nel giaccone da lancio impermeabile ("*Knochensack*" –"sacco d'ossa") in uso nei *Fallschirmjäger*, sul quale era apposta l'aquila della *Luftwaffe*, precisamente sul lato destro del petto; è tuttavia possibile riscontrare in foto d'epoca giacconi da lancio cui è stata apposta l'aquila SS sul braccio sinistro. Il modello certamente più usato dal reparto è stato il *42* (o III modello), nel mimetismo della *Luftwaffe Splittermuster* 41; il capo era caratterizzato da apertura inferiore totale, e non a "*pantaloncino*" come i modelli precedenti; abbottonatura frontale anziché cerniere lampo, e una tasca sul fianco posteriore destro destinata a reggere la pistola lancia-razzi; questa caratteristica del giaccone non venne mai sfruttata, nemmeno nella *Luftwaffe*. Rimanevano invece invariate le quattro enormi tasche chiuse da cerniere: la loro capacità di carico era una caratteristica notevolmente apprezzata sul campo.

Paracadutisti SS con un mortaio medio, durante i combattimenti sul fronte baltico, autunno 1944.

Paracadutisti SS a Budapest, durante la cerimonia per i caduti nel corso dell'operazione *Panzerfaust*.

Altro elemento fondamentale dell'equipaggiamento per il lancio era il caratteristico elmetto modello 38, concepito appositamente per l'atterraggio paracadutato, eliminando innanzitutto i rischi dati dagli ampi bordi degli elmetti da fanteria, ed inoltre dotato di una calotta interna e sistema di sottogola certamente più idoneo alla pratica durante le operazioni aviotrasportate. Particolarità nell'equipaggiamento si possono riscontrare nelle calzature e negli spallacci: sebbene è certamente provato che durante l'addestramento fossero utilizzati gli stivali da lancio, dalle foto d'epoca emerge un uso molto frequente degli scarponi da montagna, calzatura certamente non idonea ad un lancio, eppur utilizzata anche in tal senso, come mostrano le foto del raid su Drvar. Riguardo gli spallacci, sembra che i paracadutisti SS utilizzassero prevalentemente il normale modello da fanteria, e non il vecchio modello

## SS-Fallschirmjäger Bataillon 500

della *Reichswehr* (che era in uso presso *Fallschirmjäger*, cavalleria e artiglieria), caratterizzato dall'assenza degli attacchi per 'affardellamento' dorsale.

**Paracadutista SS. Notare l'aquila SS sull'uniforme.**

**Fronte balcanico 1944: postazione difensiva dei paracadutisti SS con una mitragliatrice montata su treppiede.**

In sostanza, quello dei paracadutisti SS è stato un reparto *SS* dall'aspetto 'uniformologico' molto particolare, forse l'unica specialità delle SS notevolmente influenzata da un'altra arma, tuttavia senza mai perdere gli emblemi della propria identità.

**Un membro del Battaglione paracadutisti SS, durante l'istruzione sul fronte balcanico, con una bustina modello *40* delle SS.**

## SS-Fallschirmjäger Bataillon 500

Paracadutisti SS durante una parata ufficiale. Notare le uniformi e le mostrine SS sotto i giacconi da paracadutista e l'assenza delle aquile della *Luftwaffe* sugli stessi giacconi.

Altra foto di una cerimonia presenziata dai reparti del Battaglione paracadutisti SS.

Paracadutista in tenuta da lancio mentre sale su un aereo da trasporto durante una seduta di addestramento: regge tra i denti l'estremità della sua "*Aufziehleine*" (in italiano, la "fune di vincolo"), pratica tipica dei paracadutisti tedeschi.

## Distintivi

Per i paracadutisti SS non furono creati distintivi speciali da portare sull'uniforme. I paracadutisti SS, come quelli del *Brandenburgo*, ricevettero come distintivo il *Fallschirmschützenabzeichen des Heeres*, il distintivo da paracadutista destinato alle unità dell'esercito, istituito il 1° settembre 1937 e reintrodotto nel giugno del 1943. Ma in molti casi, come si evince anche dalle foto dell'epoca, fu consegnato anche il modello della *Luftwaffe* (*Fallschirmschützenabzeichen der Luftwaffe*), istituito un anno prima. Il modello *Heer* raffigurava, all'interno di una corona di foglie di quercia e di alloro in colore oro, un'aquila in picchiata color argento. Nella parte alta della corona era presente una piccola aquila della *Wehrmacht* che sormontava una croce uncinata. In quello della *Luftwaffe*, molto simile, i colori erano invertiti, l'aquila era oro e la corona in argento. Questo distintivo veniva consegnato agli allievi paracadutisti dopo i sei prescritti lanci di abilitazione durante l'addestramento.

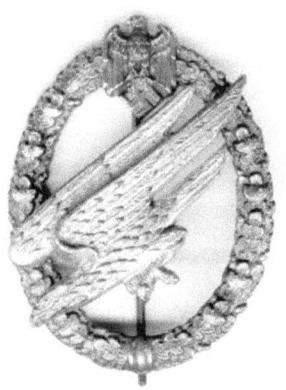  

A sinistra, il distintivo dell'esercito, al centro la versione *Luftwaffe*, a destra, *Sturmmann* con il modello *'Luftwaffe'*.

## Bibliografia essenziale

AA.VV.,"*German Airborn Troops 1939-1945*", Osprey Publishing Ltd.
M. Afiero, "*SS-Fallschirmjäger*", Editoriale Lupo
E. Busch, "*Die Deutsche Fallschirmtruppe von 1935 bis 1945*", Altenstadt Obb.
W. Eyre, "*Operation RÖSSELSPRUNG and The Elimination of Tito, May 25, 1944: A Failure in Planning and Intelligence Support*". The Journal of Slavic Military Studies
J. Lucas, "*Storming Eagles – German Airborne Forces in WWII*", Arms and Armour Press
R. Michaelis, "*SS-Fallschirmjäger-Bataillon 500/600*", Michaelis Verlag
M. McConville, "*Knight's move in Bosnia and the British rescue of Tito: 1944*". The Royal United Services Institute Journal
S. Milius, A. Kunzmann, "*Fallschirmjäger der Waffen SS im bild*", Munin Verlag
A. Munoz, "*Forgotten Legions: obscure combat formation of the Waffen SS*", Paladin Press
A. von Rohn, "*Die Bildchronik der Fallschirmtruppe, 1939-1945*", Podzun Verlag
M. Setti, "*Ali silenziose*", Mursia editore
G. Williamson, "*German Special Forces of World War II*", Osprey Publishing Ltd.

www.ingramcontent.com/pod-product-compliance
Lightning Source LLC
LaVergne TN
LVHW081546070526
838199LV00057B/3791